The Japan-U.S. Alliance in Southeast Asia: Beyond Traditional Security

信田智人［編著］
SHINODA Tomohito
江島晶子
芦澤久仁子
熊谷奈緒子
山口昇
福島安紀子

日米同盟と東南アジア

伝統的安全保障を超えて

千倉書房

はしがき

二〇一七年、日米安全保障条約は発効から六五周年を迎えた。当初の安保条約は独立後も「極東における国際の平和と安全の維持」のため、米国が日本に基地を維持することを目的とした限定的な内容であった。ところが一九六〇年の改定安保条約では、日米両国が極東の平和安全に「共通の関心を有することを考慮」するものであり、日本の貢献も期待されるようになっている。また、その第二条では、日米両国が「自由な諸制度を強化すること」で「平和的かつ友好的な国際関係の一層の発展に貢献する」と共通の価値観外交を展開することも謳われている。一九六〇年以来、日米安保条約体制は日本の防衛だけのものではなくなっていたのである。

とはいえ冷戦中は米軍に基地を提供することで同盟関係における日本の貢献は十分とされたが、冷戦後にはより大きな役割が期待されるようになった。一九九一年の湾岸戦争で戦費の二割以上にのぼる一三〇億ドルもの資金供与を行ったにもかかわらず、人的貢献がなかったことで国際的な批判を浴びたことは記憶に新しい。以来、国際安全保障への貢献は日本政府の大きな課題となった。その結果、一九九二年にPKO協力法、一九九九年に周辺事態法とガイドライン関連法、二〇〇一年にテロ対策特措法、二〇〇三年にイラク特措法、二〇一五年には新安保法制が成立し、確実に日本が国際安全保障に貢献できる法的枠組みが整った。

これらと並行して一九九〇年代以降、日米同盟の再定義が恒常的に両国政府のテーマとなった。

二〇一七年一月に発足したドナルド・トランプ政権が同盟関係の見直しを明言する中、われわれはこれからも新しい日米同盟のあり方を考えなければならない。

日米同盟において、伝統的な安全保障以外の取り組みを展開しようという考え方も冷戦後には強まった。たとえば一九九三年四月、細川護熙首相とビル・クリントン大統領は、「日米包括協議」という新しい枠組みで、通商問題とマクロ経済措置に加え、「地球的展望に立った協力」に取り組むことを発表した。そこでは、環境や技術共同開発、人的資源開発、人口問題、エイズ対策などが取り上げられた。また一九九六年四月に橋本龍太郎首相とクリントン大統領が発表した「日米安全保障共同宣言」では、東アジアにおいて多国間安全保障の対話・協力を進めることや、地球的規模の問題に対して日米両国で取り組み、「平和維持活動や人道的な国際救援活動等」で協力を強化することが提唱された。

小泉政権下では九・一一以後の対テロ対策での協力を含めて、日米同盟がさらに強化された。二〇〇六年六月の小泉首相訪米時に発出された「新世紀の日米同盟」という共同文書では、日米同盟は「普遍的価値観と共通の利益に基づく」ものであり、アジアにおいて「個人の自由の促進、政治・経済・軍事分野での透明性と信頼性の向上、人間の尊厳の保護、拉致問題を含む人道・人権問題の解決といった、地域における共通の課題に引き続き対処していく」ことが宣言された。

民主党政権下では「日米同盟の深化」が強調され、二〇一二年四月、野田佳彦首相とバラク・オバマ大統領の共同声明「未来に向けた共通のビジョン」では、日米両国は「民主主義、法の支配、開かれた社会、人権、人間の安全保障、自由で開かれた市場といった価値へのコミットメントを共有」しており、「平和維持、紛争後の安定化、開発援助組織犯罪と麻薬密売」などで共に取り組むことが明言された。

二〇一四年四月に安倍晋三首相とオバマ大統領が出した日米共同声明でも「地域の未来を形作る」ために、共通のアジェンダで政策調整を行うと宣言されている。そこでは人間の安全保障や人道支援、防災、平和維持活動などが挙げられている。

このように日米同盟を通じて非伝統的な安全保障の課題に取り組む重要性が、両国政府で繰り返し確認されるようになっている。では実際に日米両国は非伝統的な安全保障の分野でどのような取り組みを行ってきたのか。それを調べ分析し、評価することが本書の目的である。

本書が対象地域としているのは、日本政府が最もこの分野に注力してきた東南アジアである。安倍首相の東南アジア重視は、第二次政権最初の外遊先にベトナム、タイ、インドネシアの三国が選ばれたことにも象徴的に表れている。また、二〇一三年末に安倍政権が発表した「国家安全保障戦略」は、日本が初めて打ち出した外交と防衛の両方を含めた戦略であったが、同盟国である米国以外に、「国際社会の平和と安定のためのパートナー」として、韓国やオーストラリア、インドと並んでASEAN諸国が挙げられている。

東南アジア地域では二〇一〇年代に入って南シナ海における緊張が高まってきたこともあり、日米両国が伝統的な安全保障の面でもさまざまな政策を展開している。たとえば、安倍政権では第一期の二〇〇七年にベトナムと戦略パートナーシップに関する共同声明を発表し、第二期の二〇一五年には「広範な戦略パートナーシップ」関係を宣言し、さらなる発展の方向性を示しただけでなく、二〇一四年には実際にベトナム中部ダナン市に海上自衛隊の輸送艦が入港し、医療支援活動を行った。また二〇一七年一月、安倍首相はベトナムに新造巡視船六隻を供与する方針を伝えた。安倍政権はフィリピンやマレーシア、インドネシア、タイとも同様の戦略パートナーシップを築き、ハードとソフトの両面で伝統的な安全保障支援を行っている。

それでは、東南アジアにおける非伝統的な安全保障面で、日米両国はどのような貢献をしているか。本書では日米両国が東南アジアにおいて行った、多国間枠組み作りにおける取り組みを検証した後、①人身売買対策、②紛争解決・平和構築、③災害救援活動、という三つの具体的事例を取り上げ、日米両国の役割とその評価をする。

具体的な構成は以下の通りである。まず第一章では、事例研究の前に憲法と人間の安全保障について議論する。日本が海外における安全保障活動を行う際、とくに自衛隊の海外派遣をめぐっては、憲法上の制約が常に議論にのぼる。その議論の中で、日本国憲法における平和主義と国際協調の両面が対立したり矛盾したりする点を指摘し、日本が目指す人間の安全保障のあるべき姿を示す。

第二章では、東南アジアを中心にした、非伝統的な安全保障に対する多国間枠組みへの日米両国のアプローチを分析し、冷戦期、東アジアに多国間での安全保障枠組みが築かれなかった理由を検証する。冷戦後に発足したASEAN地域フォーラムとアジア海賊対策地域協定、拡大ASEAN国防相会議の発足過程における日米両政府のアプローチの違いを検討することで、日本が地域秩序形成に積極的だったのに対し、米国が受け身の立場だった原因を探る。

第三章から第五章までは、具体的な事例研究を取り扱う。第三章では、二〇〇〇年代以降のタイでの人身売買問題に、日米両国がどのような対応を取ってきたかを分析する。米国務省は、二〇〇一年から人身取引報告書を毎年発表しており、タイの人身売買についても強い注意喚起を行ってきた。二〇〇四年度に日本への要注意度が引き上げられることで、日本政府も本腰を入れて同問題に取り組むようになった様子が描かれる。

第四章では、フィリピンのミンダナオ紛争における日米両国の取り組みが説明される。米国は九・一一以後フィリピンでの対テロ対策に米軍を派遣したが、ミンダナオのイスラム教徒の間では米国に対する反感が強く、経済支援についても（米国という）顔を出さない形を取っている。他方、日本はミンダナオ紛争の中心地に事務所を構え、顔の見える支援活動を活発的に展開しており、両者の対照的な姿が示される。

第五章では、二〇一三年一一月にフィリピンを襲った台風「ハイヤン」に際しての、日米両国の救援活動を解説する。日本はフィリピン政府に対する緊急経済支援を行うと共に、自衛隊を救援活動に派遣した。二〇一一年の東日本大地震での経験を活かし、自衛隊は米軍と協力して支援活動に当たることができ、そこにはあたかも第二のトモダチ作戦を思わせる様相が現われた。

これらの三事例では、東南アジアで行われた非伝統的な安全保障における、日米両国の異なる協力形態が提示されている。タイの人身売買では、米国の報告書に注意を喚起され、日本政府は本腰を入れて対応するようになった。ミンダナオ紛争では、米国が支援では顔を出さないようにしたのに対し、日本は顔を積極的に住民に示す草の根支援を展開した。フィリピンの台風災害救援では、日米の自衛隊と軍がその経験を活かして、共同で作戦を運用している。三つの事例はほぼ時系列順に並べられているが、あたかも非伝統的安全保障分野における日米両国の協力形態の、深化のプロセスを見るようでもある。

第六章ではまとめとして、東南アジアにおける日米協力の道を探る。人間の安全保障に関する国連決議ができてからも、世界ではさまざま議論が行われている。東南アジアでも各国で受け取り方が違うし、米国には懐疑的な声もある。そうした状況下で、東南アジアの脆弱性に対し日米が取り組むべき協力の在り方を提示している。

このような日米同盟と東南アジアに関する研究プロジェクトを推進し、その成果である本書の上梓を可能にしたのは、米日財団からの研究助成である。ジョージ・パッカード米日財団理事長と渡辺知行東京事務所長に厚く御礼申し上げる。また、プロジェクトにまつわる事務的業務を担ってくれた国際大学の今井一美氏と、本書編集の労をとられた千倉書房の神谷竜介氏にも感謝の意を表する。

本書が大学生や研究者だけでなく、日本政府の政策決定者にも広く読まれ、これからの対東南アジア政策を考える一助となれば、著者たちの所期の目的は達成できたことになる。

二〇一八年二月

編者　信田智人

日米同盟と東南アジア——伝統的安全保障を超えて　目次

はしがき――信田智人　iii

第1章　日本国憲法と人間の安全保障
――平和主義および国際協調主義の視点から――江島晶子　001

はじめに　001
1　日本国憲法における平和主義　004
◆日本国憲法の基本原理としての「平和主義」　004／◆「平和主義」の多義性　006
◆国際平和活動――「武力の行使」と「武力の使用」　009／◆学際的対話の必要性　013
2　日本国憲法における国際協調主義　014
◆日本国憲法前文の制定過程　015／◆国際協調主義の多義性　017
◆日本国憲法の解釈における国際協調主義の役割　019
おわりに　021

第2章　安全保障多国間枠組み作りへの日米のアプローチ――芦澤久仁子　031

はじめに 031
1 冷戦期のアジア――多国間枠組み不毛地帯 032
2 冷戦後の変化――ASEAN地域フォーラム(ARF)発足 035
◆日本の積極関与――中山提案と重層的地域秩序 036／◆米国の変化――否定から慎重支持へ 038
3 二一世紀の新たな試み――海賊対策 041
◆提案国だった日本 042／◆受け身だった米国の「アジア回帰(リバランス)」による変化 045
4 アジア初の国防大臣会議、ADMMプラス 046
◆ここでも早期に提案していた日本 048／◆多国間枠組みのメリットを明確に認識した米国 049
おわりに 050

第3章 タイの人身取引対策に対する日米の支援――熊谷奈緒子 057

はじめに 057
1 対人取引対策の国際的規範 060

◆パレルモ議定書、国連 060／◆人身取引被害者保護法と国務省人身取引報告 061
2 日本への規範的影響と日本の対人身取引対策 064
3 タイへの規範的影響、タイ政府の対策 068
4 タイへの日本の規範的影響とその特徴 078
おわりに 084

第4章 フィリピン・ミンダナオ紛争の解決と日米の取組――信田智人 093

はじめに 093
1 ミンダナオ紛争の歴史的背景 095
2 紛争と平和解決への展開 096
3 ミンダナオ和平における米国の取組 101
◆米軍による軍事的貢献 102／◆USAIDによる開発援助 105
◆アジア財団など米NGOの活動 108

4 ミンダナオ和平における日本の取組 109
◆国際監視団を通じた社会経済開発支援 110
◆国際コンタクトグループ（ICG）を通じた和平プロセス支援 112
◆J-BIRD――元紛争地域に対する集中的支援 113
おわりに 116

第5章 災害救援活動における民軍連携と日米同盟――台風「ハイヤン」のケース――山口昇 123

はじめに 123
1 背景 125
◆民軍連携による人道支援・災害救援活動に対する関心の高まり 126
◆フィリピンにおける災害対処体制 127／◆自衛隊の国際緊急援助活動 129
◆アジア太平洋地域における米軍の災害救援活動 131
◆災害救援活動における日米連携と多国間軍民連携 134
2 台風「ハイヤン」に際する救援活動 137
◆フィリピン政府の対応と民軍連携及び多国間調整 137／◆自衛隊の災害救援活動 139
◆米軍の災害救援活動 141

3 日米同盟と国際的な民軍連携 144
◆日米協力、多国間協力と民軍連携の態様 144／◆救援活動に関する調整の在り方 145
◆国際的な災害救援に際する通信手段 148
おわりに 149

第6章 二一世紀型包括的安全保障の実現へ――福島安紀子 155

はじめに 155
1 今、求められる広義の安全保障とは何か 157
◆人間の安全保障とは何か 157／◆解釈論争の収斂へ 158／◆人間の安全保障の実践へ 160
2 東南アジア諸国での人間の安全保障の理解と実践 161
◆東南アジア諸国の人間の安全保障概念の受容 161／◆タイと人間の安全保障 165
◆フィリピンと人間の安全保障 166
3 日本と米国の伝統的安全保障を超えた取組 168
◆日本の包括的安全保障への取組 168／◆米国の包括的安全保障への取組 171

4　東南アジアにおける包括的安全保障実現のための日米協力の方向性　177
◆日米同盟に基づく協力の水平線の拡大　177／◆本書の事例が示唆する日米協力の可能性　179
おわりに　183
主要事項索引――190
主要人名索引――191

第1章

日本国憲法と人間の安全保障

――平和主義および国際協調主義の視点から

江島晶子
EJIMA Akiko

はじめに

一国の安全をどのように確保するかという問題は、国際社会（ないしは国際社会の構成要素である他国）の安全をどのように確保するかという問題と切り離せない。「大国であっても一国のみで安全を保障することは不可能である」のが現状である[1]。このような状況において、憲法の役割や射程範囲を再検討することが必要である。しかも、安全保障観の変化から、伝統的な国家の安全保障にとどまらず、非伝統的な安全保障として人間の安全保障が注目されるようになっている現在、国家の安全保障を構築する際に常に問題となってきた憲法の規範内容（従来、国家の活動を「しばる」という観点から憲法規範が援用されることが多かった）を検討する必要がある。

憲法は国の基本法であり、最高法であると位置づけられる。成文憲法典化されているかどうかという違いを度外視すれば、現在、地球上において国家と承認されている存在は憲法を有している[2]。そして、現在、各国の憲法の内容は一般的レベルにおいて一定の共通する要素を呈している。とりわけ、実際上実現されているかどうかを度外視すると、文面上において、一定の人権および統治機構に関する基本原理(たとえば権力分立、法の支配)を有するのが通例である。なかでも、第二次世界大戦後、多くの独立国家が非欧米地域において新たに誕生する過程において、そして、より最近では東西冷戦終結後、中東欧諸国が体制転換する過程において、すでに存在する他国の憲法(ありていにいえば欧米モデル)を範として憲法制定が行われたことから、この共通化が一層推進された。とりわけ、後者の過程においては、体制転換の過程に外国が自国の国益という観点から介入するのではなく、EUやヨーロッパ評議会といった国際機関が、それらが標榜する基本価値である「人権、民主主義、法の支配」の移植を推進しようとしたことに注目できる。また、ボスニア・ヘルツェゴビナ憲法のように、そもそも憲法自身がデイトン合意という国際条約の附属文書として成立した例もある。革命、戦争、内戦が終結した後に新たに憲法が制定されることが多いが、その際には国際社会から背を背けて国家が独自に制定するというよりは、その時点での国際環境に相当影響されるのが常である。第二次世界大戦後は、憲法制定において全く外からの影響を受けていないという方が少数派であろう。そして、いかなる憲法を制定するかは国内のみならず、国外でも注意を引く度合いはより一層高まっており、前述した共通する要素は各国の憲法を評価する際の拠り所となる。とりわけ、冷戦終結後は、国際社会が注視する中で憲法が制定・改正されている。現状において、どのような憲法改正を行うかは、国内問題にとどまらず、国際社会においても注視される行為であることを念頭において進める必要がある。

このことは、国際社会の発展ということと切り離せない(よって国際立憲主義という議論が国際法からも憲法からも発展させることが可能である)。本稿のテーマとの関係でいえば、安全確保の方法として、まず、国際連盟、そして、国際連合の設立と、集団安全保障体制の登場に注目できる。そして、グローバル化が進展した今日、国連をはじめとする各種国際機関、そして様々なアクターによるグローバルなネットワークが存在しており、国際社会との協調関係の中で国内・国際の安全を確保するという視点が不可欠である。この視点から、国際社会の中にある一国として憲法の内容を検証することが求められているといえよう。

しかしながら、直近の安保法制の制定過程では、憲法の検証は不十分であった。二〇一五年九月一九日、「我が国及び国際社会の平和及び安全の確保に資するための自衛隊法等の一部を改正する法律」(平和安全法制整備法)および「国際平和共同対処事態に際して我が国が実施する諸外国の軍隊等に対する協力支援活動等に関する法律」(国際平和支援法。以下、両者をまとめて呼ぶ場合には「平和安全法制関連二法」という)が成立し、同月三〇日に公布され、二〇一六年三月二九日に施行された。同法の成立過程においては、日本国憲法(以下、「憲法」または「日本国憲法」という)九条をめぐる議論が激しく展開された。とりわけ、二〇一四年七月一日の閣議決定が長期的に維持されてきた政府解釈(個別的自衛権に限定し集団的自衛権を否定)を変更するものととらえられたこと、そして、この閣議決定に基づき上記平和安全法制関連二法が制定されたことは大きな議論を呼んだ。しかし、議論が、この閣議決定変更の問題、そして、「新三要件」に基づく「存立危機事態」との関係で集団的自衛権の合憲性の問題に集中し、「憲法九条の下で集団的自衛権が認められるか」という従来の枠組の中で議論が進行したことは否めない。換言すると、世界の安全に対して日本はどう向き合うのか(もちろん、それは日本の安全にはねかえってくる問題であるが)、そのために必要な方策は何か、そしてそれは憲法との関係でどのような問題が存在するのかという問題について、憲法の観点から真っ向から議論する機会とはならなかった[3]。「安全保障の問題を、9条の概念論とそれを司る内閣法制局まかせにするのではなく、政治が引き受けるというのがその眼目のはずであった。この点が政権側によって貫徹されなかった」。[4]

戦後直後の状況と現在では、異なる事情が存在する。たとえば、前述したように、現在、安全保障の問題について、国家の安全保障(state security)だけでなく、人間を中心に据えた人間中心型の安全保障として人間の安全保障（human security）という概念が発展しつつある。国連開発計画（UNDP）が一九九四年の「人間開発報告書」の中で提唱した概念であるが、様々な批判を受けながらも、国連を中心とした国際社会で規範的な概念として普及・定着しつつあるという[5]。日本政府も伝統的な安全保障とは別に、非伝統的な安全保障の面において一定の努力を積み重ねている（具体例の検証が本書のメイン・テーマである）。

国際社会において「人道的介入」、そして「保護する責任」が問われるようになるなか、日本がどのような態度をとるべきかは重大な問題である。そして、現在の文脈に置き直して、平和とは何かを考える必要性がある。「絶対的平和主義」は現状において妥当なのか。また、そもそも日本国憲法はそのような絶対的平和主義を規定するものなのか。国内では人権、民主主義、法の支配を重要な価値として標榜しつつ、国外においてそれらが奪われている人々の苦境には目を背けるということでいいのか。日本国憲法は実際のところ何をどこまで拘束していて、かつ、何をすること（およびしないこと）を国家に義務付けているだろうか。まず、平和主義の規範的要請の中身について、次に、積極的平和主義の根拠として援用されることもある国際協調主義について、それぞれ検討する。

1　日本国憲法における平和主義

◆日本国憲法の基本原理としての「平和主義」

憲法学の教科書において、憲法の基本原理として、国民主権、基本的人権の尊重に並んで平和主義が挙げられてきた。権力分立や法の支配ではなく、平和主義が挙げられるのは日本的特徴と考えられてきたからである（もちろん権力分立や法の支配を劣位においているわけではない）。これは、「第二次世界大戦の悲惨な体験を踏まえ、戦争についての深い反省に基づいて、平和主義を基本原理として採用し」たという背景があり、「日本国憲法は、第一に、侵略戦争を含めた一切の戦争と武力の行使および武力による威嚇を放棄したこと、第二に、それを徹底するために戦力の不保持を宣言したこと、第三に、国の交戦権を否認したことの三点において、非類のない徹底した戦争否定の態度を打ち出している」ことが日本国憲法の特徴だという認識に基づく[6]。

この認識は国民の間にも一般に共有されているといえよう。たとえば最新の世論調査(世論調査＝国民の意見ではないことは念頭に置きつつ)において、「リストの中で、憲法で決められているものはどれだと思いますか。3つまでお答えください。」という質問に対して、基本的人権の尊重(八二・〇%)、戦争の放棄(六九・七%)、国民主権(六九・七%)が最上位に挙がっている[7]。また、「平和主義をかかげた今の憲法を誇りに思う」という考え方について、「そう思う」(四三・七%)、「どちらかといえばそう思う」(三八・四%)、「どちらかといえば、そうは思わない」(九・六%)、「そうは思わない」(五・〇%)、「わからない、無回答」(三・三%)という結果になっており、「そう思う」と「どちらかといえば、そう思う」を足すと八二・一%の回答者が平和主義をかかげる憲法について肯定的にとらえている。そして、「今の憲法ができてから70年がたちました。憲法が日本や日本の国民にどのような影響を与えたとお考えですか。リストのAからCのア・イ2つの考え方について、あなたのお考えがそれぞれどちらに近いか」を聞く質問に対して、組み合わせAとしての「ア．戦争をしない平和主義が定着した」と「イ．自分たちで国を守ろうとする意識が失われた」に対しては、「アに近い」(五一・九%)、「どちらかといえば、アに近い」(二〇・八%)、「どちらかといえばイに近い」(一二・〇%)、「イに近い」(一一・六%)、「わからない、無回答」(三・七%)という結果になっており、「アに近い」と「どちらかといえば、アに近い」を足すと八二・七%の回答者が「戦争をしない平和主義が定着した」に近いと回答していることになる。

もっとも、国連において戦争は違法化されており、「戦争をしない平和主義」は現時点では当然の「グローバル・スタンダード」である(現時点で「非類のない」というほどのものではない)。よって、問題は「戦争をしない平和主義」ではなく、「平和主義」が「戦争をしない平和主義」以上に何を規範的に要請しているのかが問われよう。

第一に、これまで問題となってきたのは憲法と自衛隊、日米安全保障条約との関係である。憲法は、起草時において期待されていた国連による平和の実現を前提としていたが、冷戦(と国連の機能不全)という現実に直面して日本政府は日米安全保障条約と自衛隊による日本の安全保障体制を選択した。その結果、日米安全保障条約および自衛隊の合憲性の問題が生じ、今日に至るまで論争が続いている。これに対して、政府は、おおざっぱな言い方をすれば、「戦力」(九条二項)の解釈の変更(の変遷)と個別的自衛権と集団的自衛権の区別を駆使して、合憲性を説明してきた(フェーズ1)。その結果、「安保法制と自衛隊を正当化するための政府見解が、逆にその拡大に対する足枷」になるところまで来ている[8]。

第二に、より新しい問題として浮かび上がったのは、冷戦終結後に新しいタイプの武力紛争が登場する一方、グローバル化の進行によって日本の安全と世界の安全がより強い相互連関性をもつようになった状況において(フェーズ2)、第一の問題との文脈で模索されてきた「平和主義」がどのように関係するのか(あるいは関係しないのか)である。「日本がかつてのように侵略に走らないことは、世界平和に対する何より大きな貢献だが、侵略さえしなければ後は何もしなくともよいということにもならない。そう言ってすますには、現代の非平和はあまりに悲惨で不条理」だ[9]、「世界の紛争地帯を放置しておけば、必ず国際社会全体が崩壊の運命をたどる」[10]といった指摘は軽視できない[11]。これまで、フェーズ2の問題を議論する際にも、憲法学ではフェーズ1の理論枠組の中で議論されることが多かったため、第二の問題の特性を十分に汲み取っているのか検証が必要である。

◆「平和主義」の多義性

「平和主義」が定着しているとしても、その中身は多義的であるため、「規範」としての平和主義という言葉自体に対しては疑問が提起されている。「九条を語るにあたって、『平和主義』という用語は避け、『国家の安全保障体制』と表現するほうがよい」という主張がある[12]。理由として、第一に、九条は国防または安全保障体制に関する規定であって、『主義・主張』に関する定めではない」こと、第二に、九条が選択した一定の安全保障体制を『平和主義』と表現することは、結論先取りの議論を誘発する」が、平和主義といわれるものは多様であること、第三に、『『平和主義』は、理念を過剰に含んだ情動語となって、実現されるべき価値のように扱われがち」となるので、「冷静な九条理解を妨げる」という。これに対しては、九条を「平和主義条項」と理解すると、九条を「準則」ではなく「原理」として理解する論拠となることに留意して、「平和主義というシンボルをめぐる不毛な論争」を回避するために有用な指摘であるとこれを肯定的に評価する見解もある[13]。

確かに、日本国憲法第二章の表題は「戦争放棄」であって、平和主義ではない。九条を平和主義と等置するのは厳密にいえば不正確であろう。だが、他方で九条が日本の安全保障体制に関する規範ととらえることも同様に不正確であろう。第一に、憲法起草時に九条が日本の安全保障体制に関する規定だという認識をもって制定されたといえるだろうか。むしろ、大西洋憲章(侵略国の非軍事化の原則)、ポツダム宣言(軍国主義者の勢力の否定、戦争遂行能力の破棄、軍隊の武装解除)、マッカーサーノート(戦争の放棄、軍隊の不保持、交戦権の否認)が九条の背景にあることを考慮すれば、起草時に九条を一国の「安全保障体制」として想定したというよりは、日本を降伏させた連合軍総司令部の考えた処方箋が「戦争放棄」(とりわけ軍隊の武装解除)であったという方が実情に近いのではないだろうか(同様に、日本が国際連合に加盟したのは一九五六年であることから、起草段階で個別的自衛権および集団的自衛権(国連憲章五一条)と憲法の関係についてまで検討していたとは考えにくい)。前述したように、第二章の表題は「戦争の放棄」であることから、「戦争の放棄」が日本の安全保障体制(日本の安全をどのように確保するか)として規定されたと考えるよりは、前文の平和主義(それ自体が多義的であることはその通りであり、本文ではないことに留意すべきである)[14]を具体化する規定として憲法九条が制定されたと考える方が自然である[15]。その結果、日本の安全保障体制を考える段にあたって(朝鮮戦争勃発時や平和条約締結時)、九条という憲法的拘束が問題となる[16]。よって、第二の理由である「九条が一定の安全保障体制を選択した」という点も疑問である。

第三の理由とされる、「平和主義」という言葉によって冷静な議論が妨げられてきたという点はどうか。前述の世論調査では、憲法改正が必要かという質問に対しては、必要だという意見が多数派である一方、憲法九条を改正する必要があるかという質問に対しては九条を改正する必要がないという意見が多数派である[17]。しかも憲法改正支持派の半数が日本を取り巻く安全保障環境の変化に対応するため必要を改正賛成の理由とするのに対して、憲法九条改正反対派の内の半数は、九条が平和憲法としてもっとも大事な条文だからということを理由としており確かに錯綜している。

しかしながら、それは九条を平和主義と評してきたから生まれた結果であるというのはやや単純すぎる説明ではないだろうか。むしろ、前文の「平和を愛する諸国民の公正と信義に信頼して、われらの安全と生存を保持しようと決意した」という部分には、「国際的に中立の立場からの平和外交、および国際連合による安全保障を考えている」と解されていたはずだという前提の議論に再度注目する必要がある[18]。そうでなければ、九条だけで日本の安全が確保できると考えていたことになり、それはあまりに夢想的な構想であろう。本来、「平和構想を提示したり、国際的な紛争・対立の緩和に向けて提言を行ったりして、平和を実現するために積極的行動をとるべきことを要請して」[19]いると考えられていたはずである[20]。しかし、冷戦下においてそれを実現する現実的条件が欠けてしまったがゆえに、その点について十分な議論がされる機会を欠いたまま「戦争をしない平和主義」だけが定着した感がある。「冷戦の進行とともに、このような主張(憲法の平和主義を世界に伝播する)を実現する国際環境がなくなり、また日本の保守政権も冷戦政策に積極的に加担して日米安保体制を選択したことは事実であるが、それと同時に国民も他の諸国が軍備をもつことによって自国の安全を維持していくなかにあって、憲法の平和主義をどのように実現していくのかといった積極的な憲法思想をもたなかったこともまた事実であろう。戦争を放棄し、軍備をもたないことは、日本人が戦争にかり出される必要がなくなり、安心して生活ができるといった自分の生活と自国民中心的な考えのみによって、憲法の平和主義を支持してこなかったであろうか」という指摘すらある[21]。

「グローバルなパワーバランスの変化、技術革新の急速な発展、大量破壊兵器や弾道ミサイルの開発及び拡散、国際テロなどの脅威により、アジア太平洋地域において問題や緊張が生み出されるとともに、脅威が世界のどの地域において発生しても、我が国の安全保障に直接的な影響を及ぼし得る状況」(二〇一四年閣議決定)[22]と聞いて不安を感じない人は少数派だろう。だが、当該状況に対応するためにいかなる手段が望ましいかとなると議論は分かれよう。前述したように、今や一国で安全を確保することは困難である。しかも安全の確保に振り向けることができる財源にも限りがある。限られた財源を有効に分配し、最大効果をはかるという財政的視点も必要となる。きわめて複雑な多元方程式の様相を呈する安全保障の問題を、以前としてフェーズ1の枠組で議論し続けることが妥当であるだろうか。憲法の平和主義の構想をどのように描くかを議論できるようにすることは政治の役割である。その点において、政府は、今回も憲法改正ではなく、憲法解釈の変更というルートを選択したことが憲法学上の観点から問題にされたことを付言しておく[23]。

◆国際平和活動——「武力の行使」と「武力の使用」

日本国憲法の平和主義が、戦争放棄だけでなく、平和を実現するための積極的行動を要請していると考えた場合、問われるべきは、「9条の『武力による威嚇又は武力の行使』を、日本自身の個別国家としての利益追求のための武力行使と、国連の決定、要請、授権の下で行われる国際公共価値実現のための武力行使とに区別することなく、一律に解釈してきたこと」である[24]。別の論者も、「国際平和活動のために軍事力を用いることは、そもそも個別国家が行う『武力の行使』ではなく、国際の平和と安全の維持という国際公益を実現する目的で、国連安保理その他の権限ある機関の決議・要請によってとられる『強制行動』(enforcement actions)であり、そこでの軍事活動は『武力の使用』(use of weapons, arms)として、『武力の行使』とはっきり区別しなければならない。それが国連憲章二条四項の例外であること、そして憲法九条の範囲外(国連憲章二条四項の例外)であることはあきらかである」という。そして、「こうした区分はいわば『国際法のイロハ』に属する常識であるが、それにもかかわらず、我が国政府においては、これが正しく受け容れられてこなかった」と批判する[25]。

この「武力の使用」が、「武力の行使」と区別されるならば、日本が国際平和活動に参加することに憲法上の問題は存在しない(少なくとも憲法は禁止していない)ということになる。とすれば「武力行使一体化論」も「ナンセンス」ということになる[26]。では、「国際公益」と国家の個別公益は明確に区別できるだろうか。区別を支持する論者自身も、問題があることを認めつつ、安保理授権型多国籍軍の「『国連の』軍隊」としての性格を強調し、国連平和維持活動(PKO)に対する高い評価を強調して、集団安全保障の系譜に属する国際平和活動だと評価することによる区別の可能性を示唆する[27]。

だが、現実の国連はどうか。「『国連中心主義』の名の下にしばしば国連の客観性が前提視されるが、とりわけ安全保障理事会については留保が必要」だとされる[28]。「国連の公共性には『公』と『私』が錯綜しているし、米英仏などの安保理の中核たる常任理事国すら、自国の国益がかかわらない場合には国連に対して必ずしも十分な貢献をせず、自国軍隊の指揮権を維持し、派遣の判断への制約を嫌ってきている」[29]。PKOにそもそも「五大国」に拒否権を与えている集団安全保障体制は、大国の利害が関わる紛争には関与できないという欠陥を抱えている[30]。また、究極の問題は、「国連安保理内の理事国の意見の対立によって、人道的危機が発生しているにもかかわらず、安保理による授権が行われない場合、授権を受けていない個別国家または国家群による武力行使は許されるのか」というものである[31]。日本の安全保障を全面的に国連による安全保障に委ねることはできないという文脈においてなされた評価としてではあるが、「世界の国々・人々が国益偏重ではなく国連の集団安全保障制度を信頼し貢献するという主観的条件も、軍縮の発展や法的機構的メカニズムの整備などの客観的条件も、現在の国際社会と国連には十分には整っていない」という指摘もある[32]。

そして、ＰＫＯの現状についても実証的検証が必要である（ＰＫＯ要員による性暴力・性搾取問題などが指摘されているところである）[33]。さらにはＰＫＯ派遣国がＰＫＯをどのようにとらえているかも検証する必要がある。二〇一七年六月三〇日現在、ＰＫＯへの派遣人員数の上位を占めるのはアジア・アフリカ諸国である（日本は一一四位で四名）[34]。そのうち、たとえば派遣人員数世界第二位（七六七六人）のインドは、ＰＫＯを「国際安全保障分野における大国への対抗手段」から、「アメリカを含む常任理事国と同等の責任と影響力を獲得する手段」へと変容させつつあり、国連における政策決定への強い関与と安全保障理事国の資格を求めるインドにとって、ＰＫＯにおける貢献は、インドの外交資源として利用されているという[35]。「インドの反乱対処能力は、複合型ＰＫＯにおいて必要な能力として再評価され、またプロフェッショナリズムの資質は、他の途上国では代替し得ない資質として称賛され」ており、「ＰＫＯ分野においては、インドの自己認識と外からの評価とが一致しつつある」との評価も存する[36]。また、インドの事例は「国連主義」とは何かを考える上でも有用である。インドのＰＫＯにおける「国連主義」は多義的で、「冷戦期から今日まで、欧米諸国主導の軍事行動を抑制したいという傾向と、国際公共益のために自己犠牲を払う意思を示したいという傾向とが混在」するという[37]。現在、「国連主義」とは何かを考える上、現に存在する国連とこれをとりまく各締約国のそれぞれの目的や利用方法について比較実証分析は有用であろう。

筆者は、国連の安全保障体制に欠陥があるので積極的平和構想としてふさわしくないとして除外する立場に立つわけではない。主権国家の絶対性を否定し、平和を生み出す国際的仕組みとして誕生した国連は、変遷する国際情勢の中でいまだ発展中の組織である。前述のような問題があっても、「国際社会の向かうべき方向性としては、国連の公共性を強化する以外にはない」[38]。かつ、それは、本来、日本国憲法が想定していた「もう片方の平和主義」である。もちろん安保理の決定に追随すればよいというわけではない。「安保理の決定に盲従することが常に国際公序の実現に資するとは限らない。より重要なことは、その実現を目指し、安保理の意思決定が公正になされるようその内外で働きかけていくことであろう」[39]。よって、国際平和活動に参加する際の基準については、「公共性」の有無を個別の事例に即して具体的に検討することが必要である[40]。そうすると、「一体化論」はその一側面をカバーする基準にしか過ぎないというべきであろう。

さらに、どのように国連安全保障体制を支えていくかを検討する際に、制裁型の安全保障から保護型の安全保障へという安全保障観の変化を考慮に入れる必要がある。安全保障には、「領土保全と政治的独立という意味での軍事的な国家安全保障のみではなく、経済、環境、人権等の分野にわたる多様な課題への対応」が含まれるようになっているからである[41]。とりわけ、前述した「人間の安全保障」が代表的な考え方である。

そのような安全保障の下では、日本にまず求められ、かつ、実行可能性が高いものは何であろうか。平和構築にも政治部門、治安部門、法律部門、経済部門、人道部門と様々なアプローチが存在する[42]。日本の経験と実績を考慮すると、日本に期待され、日本に向いているのは、「武力行使による侵略者の撃退といった事態よりも、紛争犠牲者の保護であり、多機能化した文民型活動を伴う国連PKO活動への貢献」[43]ではないだろうか。紛争は起きてしまうと悲惨な結果が避けられないからこそ、いかに予防するかが鍵である。起きてしまった紛争に対応するのではなく、紛争の原因と考えられる要因、たとえば、貧困、そして経済格差の拡大、政治的過渡期ゆえの内政の不安定、天然資源や土地をめぐる争い、武器の拡散（これらが複雑に絡み合っていることが多い）に対応することが求められる。「それらは文民機関が平時からコツコツと積み上げていくほかはない作業であり、日本の実績と経験を最も生かすことのできる分野」[44]である。非武装平和主義の立場からも、冷戦後の状況を踏まえて、国際平和活動と憲法との関係について検討する必要性はすでに指摘されており、実は両者の立場は各論（現時点では限定的だが）においては両立しうるものかもしれない[45]。

◆学際的対話の必要性

以上の検討に付随して明らかになったのは、学際的対話の必要性である。憲法学は国際法全般に対して国内法学であるということの限界を露呈している（国際人権条約の国内的実施が顕著な例）[46]。そして、こと九条の問題については、憲法九条の意義を相対化する議論（その結果、憲法が歯止めでなくなること）に対する警戒感が強い[47]。また、憲法学における集団的自衛権自体に関する議論の不在が指摘されている[48]。なお、日本の憲法学は、人権論や統治機構論においては、欧米諸国を準拠国として、それらの国における憲法判例や憲法理論を比較対象としながら発展してきた。だが、平和主義や国際協調主義については、準拠国の憲法学においてもそれほど蓄積があるわけではない。むしろ進行形の課題について、国際法学や国際政治学における業績から学ぶべきところは多い。前述した、武力の行使と武力の使用を区別すべきだと主張する論者は、日本国内の議論で用いられる概念や論理は日本でしか通用せず、国際法と乖離しており、「国際法協調的解釈」をすべきだと主張する[49]。他方、憲法学者の側からも「国際法上の自衛権の内包と外延をめぐる議論から憲法は自立した議論を展開してよい、と思考している点に問題がある」という批判もある[50]。

他方、国際法学上の概念に必ず従わなければならないのかについては、国際法学者においても異なる見解が存在する。『戦争』や『武力行使』、さらには『自衛権』という概念は、元来は国際法上のものであるが、同時に日本国憲法に関係してしばしば使われてきた。しかし、両者の概念が同じとは限らない」という[51]。この主張は、「国際法上の『武力行使』や『自衛権』、特に『集団的自衛権』が、日本国憲法上の『武力行使』等とどこが同じで、どこが違うのか。両者の関係は従来どのようなものであったかは、この際もう一度検討する必要がある。このような概念の厳密な検討作業抜きに集団的自衛権の存否を再考することは不可能であるし、また行ったとしてもそれは砂上の楼閣でしかない」という[52]。そして、「国際連合憲章は、国家による武力行使を一般的に禁止しながら、①個別的自衛、②集団的自衛、③国連憲章第七章に基づく集団的安全保障のための武力行使等を認めてきた。ただし、日本国憲法上は、①は許されるが、②、③等は許されないという解釈が政府によってとられてきた」とした上、「国連憲章上許される権利を憲法上行使できないのはおかしいという珍論が巷で主張されるが、「権利」である以上、行使しないことは当然許されるのは改めて断るまでもなかろう。国際法や憲法ということになれば誰が何を言ってもいいという風潮があるのは、我々国際法学者や憲法学者の従来の振舞いに責任がある」と述べている[53]。別の国際法学者も「国際法上認められる自衛権と各国の憲法上認められる自衛権との関係については、両者が同一のものと理解されなければならない理由はなく、憲法上認められる自衛権が国際法上認められる自衛権よりも限定的なものであれば国際法上の問題は生じない。他方で、前者が後者より広く認められるとすれば、国際法上許されない武力行使を憲法上認めることとなり、国際法に違反することになる」と述べている[54]。また、一般論として、「国際法は集団的自衛権の行使を一般的に各国に義務づけているわけではない。国際法が憲法に取って代わるような法秩序の下に私たちは生きているのではない」という見解も存在する[55]。

よって、現時点で、国際法と憲法を中心とする国内法秩序との関係が再度検討されるべきである。その際、国内法学者は国際システムを考える際に国内システムとのアナロジーで考えやすいが、いまだ世界政府は存在しないこと(そして国際法は国内法と同様の在り方をしているわけではないが)、「国際法は国内法とはちがって『穴だらけ』であり(法の欠缺)、諸国は自国に有利な法を『作って』、それを埋めようと日夜努力している」という現実的視点[56]を持つことが欠かせない。他方、「国際立憲主義」と呼びうる実体が生成されつつある実態も軽視できない[57]。

2　日本国憲法における国際協調主義

「国際協調主義」は、日本国憲法の解釈において、根拠や指針として様々な解釈問題において（たとえば外国人の人権享有主体性、憲法と条約の関係など）で援用されている（後述）。しかし、具体的な規範内容について十分な検討がなされていないことを別稿で指摘した〔58〕。本章では、平和主義との関係について検討するという視点を加えて再度検討する。国際協調主義が多義的であるからこそ、様々な場面で使用されうるが、国際協調主義から引き出される結論は錯綜・拮抗している。国際社会に復帰しようとする日本という戦後直後の文脈から離れて、現代の文脈において、コンセンサスの得られる規範的内容をどこまで見出すことができるだろうか。最初に制定過程における議論を一瞥したのち、憲法学説における国際協調主義のありようを検討する。

◆日本国憲法前文の制定過程

日本国憲法前文三段は、「われらは、いづれの国家も、自国のことのみに専念して他国を無視してはならないのであつて、政治道徳の法則は、普遍的なものであり、この法則に従ふことは、自国の主権を維持し、他国と対等関係に立たうとする各国の責務であると信ずる。」と規定し、これは国際協調主義に関する規定であると解されている。その制定過程には興味深い議論が存在する〔59〕。この第三段の内容は、連合国総司令部民政局の起草メンバーの一人であるハッシー海軍中佐が前文に以下の一文を付け加える提案をしたことに由来する。

“We acknowledge that no people is responsible to itself alone, but that laws of political morality are universal and it is by these laws that we obtain sovereignity〔sic〕.”〔60〕

この提案は、他の起草メンバーであるケイディス大佐から、各国家は、自らの運命についての最終的判定者であり、その国が欲すれば国際協力の道を選ぶ旨を決定できるが、国の主権は必要性に由来するのであり、他のいかなるものから由来するものでもない。実際問題としては、政治道徳と主権とはお互いに何のかかわりあいもないという厳しい批判を受ける。ハッシーは、これに対して、国際連合の成立によってケイディスのような議論は時代遅れの馬鹿げたものにもなったと反駁する。いかなる国家も、主権の行使が普遍的な政治道徳を破る場合には、主権を行使する権利を有しない。このような前提が一般に認められていることが、現在進行中のニュルンベルグ裁判の実際上の基礎なのだと批判したのである。そして、ケイディスも、一〇〇年後にはそうなっているかもしれないと認めはした。リアリズムと理想主義の対立として興味深いだけでなく、当時の国際関係に対する認識および当時創設されたばかりの国連に対する期待やニュールンベルグ裁判の正当性の認識が見て取れる。なかでも、国家主権の絶対性を否定することについては緩やかな意味でコンセンサスが共有され、かつ、そうした思想が日本国憲法に注入されたことになる。この議論は、最終的に、ホイットニー民政局長の文言を和らげる提案によって、ほぼマッカーサー草案と同一の文言に落ち着いた。

“We acknowledge that no people is responsible to itself alone, but that laws of political morality are universal and that obedience to such laws is incumbent upon all peoples who would sustain their own sovereignty 〔sic〕 and justify their sovereign relationship with others.”[61]

最終的には、「自国のことのみに専念して他国を無視してはならない」となり、憲法制定時に、国際協調主義という原理を、「他国を無視してはならない」と、より積極的な文面に定められたことになる[62]。

他方、同じ起草過程において、前文第二段の最後に「われらは、すべての国の国民が、ひとしく恐怖と欠乏から免れ、平和のうちに生存する権利を有することを、確認し承認する」を付加している。これは、大西洋憲章（一九四一年）の「すべての国のすべての人々が恐怖と欠乏から解放されてその声明を全うすることを保障する平和が確立されること」（さらには同年のローズヴェルト米大統領の一般教書の四つの自由）に由来する[63]。この前文に基づき後に平和的生存権が主張されることになるが、平和的生存権と人間の安全保障とを関連づける論者もいる[64]。

ＧＨＱ案は、日本側の制憲過程において、非武装については議論を呼んだが、国連中心主義などが特に注目された形跡はないという[65]。いまだＧＨＱの占領下にあり、国連にも入っていないという当時の状況からすれば想像がつく。しかし、一方で、日本側の議論において、九八条二項「日本国が締結した条約及び確立された国際法規は、これを誠実に遵守することを必要とする」が加わった。これは、日本が従来条約を守らなかったという外部の印象を払拭するために提案された外務省案（「日本が締結又は加入した条約、日本が参加した国際機関の決定及び一般に承認せられた国際法規はこの憲法とともに尊重されなければならない」）が、法制局等における検討を経て、現行の形に落ち着いたものである[66]。日本側にも、これからは国際法遵守の精神でいくのであるという態度が見て取れる。ただし、この変遷は、「国際法の国内法的効力及びその形式的効力を規律する法的意義を担う条文から、国際社会におけるわが国の過去の態度への反省と将来に向けての姿勢を表現する政治的意味合いの条文への変化を表象」し、憲法施行後、国際法と国内法の関係について理論的対立を生む原因ともなったとされる[67]。

◆国際協調主義の多義性

まず、憲法学説において、国際協調主義がどのように取り扱われているか。代表的なのは、前文について説明する箇所において、国際協調主義と憲法上の他の基本原理（平和主義）を接合させて、国際協調主義を憲法の基本原理の一つと位置づけるものである。中でも、国際協調主義と平和主義を連結させることによって、日本国憲法最大の特色ととらえる立場は、以下のように説明する。すなわち、「この国際協和主義こそ、比較憲法論的にみて、日本国憲法最大の特色といえるものである……。ただ、ここでは、この国際協和主義・平和主義も、既に触れたように、自由主義（基本的人権尊重主義）の維持発展のためのものである点に留意しておきたい。日本国憲法が想定する『平和』は、ただ単に戦争のないことではなく、自由主義（基本的人権尊重主義）が実現される状態ということが前提とされている。日本国憲法は、『専制と隷従、圧迫と偏狭』を除去し、個人の自由と生存を確保することを『人類普遍の原理』とみる立場に立っており、そして、この原理を共有する諸国家・諸国民との協力の下に、わが国が『平和』を積極的に追及するという趣旨を示しており、前文に『自国のことのみに専念して』はならないといっているのも、そういう趣旨を表わしているものと解される」[68]。別の論者も「日本国憲法の平和主義が、よりひろく一般的な次元での国際協調主義の一環をなすもの」だととらえ、「前文および九条（さらには九八条二項）の平和主義前文および九条（さらには九八条二項）の平和主義＝国際協調主義は、日本国憲法の基本原理の一つをなし、また何にもまして日本国憲法の特色をきわ立たせるものとなっている」として、国際協調主義と平和主義を関連づけてとらえる[69]。

敗戦と戦争の惨禍を経て制定された日本国憲法であればこそ、国際協調主義と平和主義が関連づけられるのは当然であるが、平和主義自体も前述したように多義的であることから、この関連づけは国際協調主義の具体的内容を明確にすることには必ずしも有用ではない。

日本国憲法の制定過程における連合国総司令部民政局内の議論を参照して国際協調主義の内容を明らかにしようとする学説も存在する。そこでは、①平和主義と非武装主義、②国連中心主義、③地球規模での普遍的な人権概念の採用、平和的生存権の採用、④主権を制限しうる国際的な法規範の支配が挙げられている[70]。この見解は、平和主義と関連づけるだけでなく、その後の世界人権宣言（一九四八年）および国際人権条約と関連づけることによって、国際協調主義をその後の国際人権保障の発展と関連づけることも可能にする。

他方、それとは異なる結論も国際協調主義から引き出されている。そもそも、湾岸戦争が勃発したときに、しきりに「国際貢献」の必要性が説かれ、なかでもモノ・カネだけでなくヒトを出すことの重要性が強調する側の根拠として援用されたのが国際協調主義であった。そして、二〇一三年の「国家安全保障戦略」においては、国際協調主義に基づく積極的平和主義が打ち出された[71]。二〇一七年外交青書においても、「地球儀を俯瞰する外交と『積極的平和主義』として位置づけ、「グローバルな課題への取組」として、軍縮・不拡散、平和構築、持続可能な開発、防災、気候変動、人権、女性、法の支配の確立といった課題は、日本を含む国際社会の平和と安定及び繁栄に関わる問題であ」り、「これらの課題は、一国のみで対処できるものではなく国際社会が一致して対応する必要があり、これらの課題への取組は『積極的平和主義』の取組の重要な一部分」であると位置づけている。さらに、この積極的平和主義の下で、「人間を中心に据えた社会の実現への貢献」として、「日本は、国際社会においても人権や基本的自由を普遍的価値として尊重し、脆弱な立場に置かれた人々を大切にし、個々の人間が潜在力を最大限生かせる社会を実現すべく、『人間の安全保障』の考えの下、国際貢献を進めている」という[72]。

以上の点から明らかなのは、同じ国際協調主義に基づき様々な主張が行われており、国際協調主義という概念がいかに多義的であるかということである。そこで、次に多義的であることの問題性を検証する。具体的には、他の憲法条文の解釈において、どのように国際協調主義が依拠されているかを検討する。

◆日本国憲法の解釈における国際協調主義の役割

日本国憲法の解釈において「国際協調主義」が根拠や解釈の指針として用いられる代表的な場合として、憲法九八条二項の解釈(換言すると、国内法秩序における条約の地位および条約の国内法的効力)、外国人の人権享有主体性、国際人権法の国内規範性、国際援助、国際貢献、および平和主義との関連性等、が挙げられる。しかし、個々の条文解釈において国際協調主義が決定的役割を果たしているであろうか。以下、検証する。

第一に、国内法秩序における条約の序列、なかでも、憲法と条約については、条約優位説と憲法優位説の対立がある。条約優位説はその根拠として国際協調主義に依拠する。しかしながら、国際協調主義に依拠している点について、以下のような批判がある。「硬性憲法および国民主権の趣旨から言えば、国際協調主義という不明確な一般原則に大きくよりかかって条約優位を主張するのは、妥当ではない」[73]。「国際協和主義・平和主義といったような抽象的な大原則から国際法優位を帰結することはやや緻密さを欠くのではないか」[74]。「国際協調主義という抽象的な大原則から結論を出そうとする性急さがみられ、精密な議論とはいい難い」という厳しい批判もある[75]。要するに、国際協調主義の内容は、解釈論の対立を解消しうるほど具体的ではないということである。

第二に、外国人の人権享有主体性である。現在、肯定説が判例・通説であるが、その根拠として援用されるのが、人権の前国家的・前憲法的な性格と並んで、国際協調主義である[76]。しかし、国際協調主義を根拠として外国人に対して憲法上の権利がすべて認められるわけではなく、権利の性質上、日本国民にだけ保障されるとするものを除いて外国人が認められるという権利性質説が通説・判例である。国際協調主義は、外国人に対していずれの権利がどの程度保障されるのかを決定する実質的役割を有しない。

第三に、国際人権条約の国内規範性についてである。国際人権保障の発展から国内裁判所における国際人権条約の適用が問題となるが、従来、国内裁判所(とりわけ最高裁判所)は国際人権条約適合性の判断を回避してきた[77]。そのため、国際協調主義を根拠に、国際人権条約の解釈適用を国内紙裁判所に義務付ける見解がある[78]。しかし、国際協調主義が、国内の裁判官に国際人権条約の解釈適用を義務付けられるかは疑問である(望ましいというのはその通りであるとしても)。むしろ、現在、国際人権機関の側に先例が蓄積されてきたことが、国内裁判所をして国際人権機関の判断を無視せざるをえなくしている(ただし、判決自体が法的拘束力をもつ地域人権裁判所の場合は別である)。

以上、本節では、憲法学で援用されてきた国際協調主義は、様々な憲法問題において、ある主張の根拠として援用されながら、国際協調主義の内容自体は不明確であり、解釈問題を解決する決定打としての役割は果たせないことを明らかにした。国際協調主義とは何かを考える作業には、常に、自己の主張のために内容を充填してしまう危険があることを自戒すべきである。しかし、他方で、すでに一定の実績を確立した国際人権条約の国際的・国内的実施という場面を観察することによって、国際協調主義の内容として現実的に抽出しうるものは存在する。よって、国際協調主義に依拠して何か主張しようとするのであれば、その内容を具体化・精錬する試みが不可欠である。筆者は別稿で、蓄積された国際人権文書ならびにそこで構築されつつある先例を活かして、国際協調主義の内容の具体化が可能であることを示唆した[79]。一部の地域では、すでに実効性を確立した国際人権機関の実践を梃子にして、進行中である。それは、国際機関と国内機関との間の多層的「対話」を通じて徐々に蓄積されてきたものであって、一国の強力なイニシアティブや国際機関の「上からの圧力」と称されるようなものではない。換言すれば、国際協調主義は一国の主張で内容が確定されるようなものではないし、一国で推進できるものではない。一国である特定の内容を備えた国際協調主義を主張する限り、その内容は、非常に理想主義なものか、当該国の利益が見え隠れするご都合主義的なものに陥る危険がある。一国「国際協調主義」の限界と危険性である。国際協調を行うメンバーを拘束する「一定の共通の標準」[80]が必要とすれば、国際人権条約はまさにその候補たりうる。国際人権保障の分野において国際協調をミニマムにとどめつつ、他分野でさかんに国際協調を主張することは、国際協調主義のご都合主義的利用になっている可能性があり、悪くすると「一国国際協調主義」に陥っている可能性がある[81]。

おわりに

国際社会の平和をどのように実現するか。さまざまなアクターが各自の利益を考えつつ、他方で国際公益を模索する、多層的なプロセスにおいて、一国が一定の目的（たとえば自国の安全を保障すると同時に国際社会の平和を実現）を達成しようとすればそれは一筋縄ではいかない。他方、グローバル化の下では自国第一主義で平和を実現することも不可能である。国内の平和と国際の平和が密接に結びついている現実を念頭に置きつつ、どのような方策を考えるべきかにあたって、学際的英知を結集して現在可能な方策を網羅的に検討する一方、現在、実務において具体的に積み上げられている成果を分析し、長期的視野からの平和構想を構築する必要がある。他方、実施していく傍らで常に検証し、是正していく仕組みが必要である（国内の統治機構の規範的分析は憲法学が取り組むべき課題である）。その際に重要なのは、一国の憲法解釈ないし憲法制定論議を鍛え上げるために、網羅的な（cherry-pickingではない）学際的研究を行うことであり、例えば、開始されつつある国際法学と憲法学の対話はその一端となりえよう[82]。

制限規範として憲法をとらえればこそ「しない」平和主義（「戦争しない平和主義」が典型）になりがちであるが、平和の実現（紛争の予防と万が一紛争が発生した場合には紛争の停止）には積極的行動も必要である（状況によっては積極的行動をとらないことも選択肢の一つである可能性を残しつつ）。「平和の実現のために日本国憲法のもとでどのような行動が可能であり望ましいものか（これは「する」平和主義といえよう）は、まさに憲法政策の問題となる。日本国憲法の平和主義原理に適合する平和政策を立案し、提示することは憲法政策学の重要な課題」[83]である。

そして、冷戦終結後は、世界秩序の形成において、国家の基本理念を通じて他国との合意を形成することが可能になってきたともいえるし、国際社会の基本理念（たとえば人権、法の支配、民主主義）を通じて諸国の合意を形成することが可能になったともいえる（双方向的）。国家の基本理念と国際社会の基本理念の相互関係はすでに一部地域では、具体的に密接な関係が築かれつつあり、制度内での衝突・対立はあるものの、制度として機能するところまできている。それが、一部地域を超えて、国際的にどこまで通用するかがまさに問われているが、たとえば、人権に関しても一定の進展はみられるし、「人間の安全保障」という新しい概念も実質化しつつある。人間一人一人を保護するとともに、自ら課題を解決できる能力強化をはかり、個人がもつ豊かな可能性を実現できる社会づくりを目指さす考え方である人間の安全保障は、日本国憲法の保障する平和主義・国際協調主義、人権保障と基本的に合致する。よって、平和主義と国際協調主義については、新たな概念を取り込みつつ、長期的視野から安全保障の問題をとらえつつ総合的議論を行うことが不可欠である。

註

1――清水奈名子「国連体制が目指す安全保障とは――国連安全保障理事会の実行から見る変化の軌跡」法律時報六六巻一〇号（二〇一四年）七二頁以下、七三頁。

2――破綻国家、失敗国家といわれるような国家としての体を成していない場合が問題であり、かつ現代の紛争の原因の多くがそこで起きている。

3――集団的自衛権行使の解禁は政府見解の変更ではなく、国民投票の機会もある憲法改正手続を通じて行うべきとする見解として、愛敬浩二「立憲・平和主義の構想」水島朝穂編『立憲的ダイナミズム』岩波書店、二〇一四年、二二五頁。

4――棟居快行「『集団的自衛権』の風景――9条・前文・13条」法律時報八七巻一二号（二〇一五年）三三頁以下、三八頁。

5――長有紀枝『入門 人間の安全保障』中央公論新社、二〇一二年、三頁、福島安紀子「人間の安全保障」神余隆貴他編『安全保障論――平和で公正な国際社会の構築に向けて』信山社、二〇一五年、二七一頁。合わせて福島安紀子『人間の安全保障――グローバル化する多様な脅威と政策フレームワーク』千倉書房、二〇一〇年参照。

6――芦部信喜（高橋和之補訂）『憲法』第六版、岩波書店、二〇一六年、五四頁。

7――ＮＨＫ「日本人と憲法２０１７」調査〈http://www.nhk.or.jp/bunken/research/yoron/pdf/20170509_1.pdf〉(visited 17 Aug 2017)。

8――浦田一郎「憲法としての安保法制――六〇年安保五〇年」法律時報八二巻一号（二〇一〇年）一頁以下、二頁。

9——最上敏樹『人道的介入』岩波書店、二〇〇一年、二〇四頁。

10——篠田英朗『平和構築入門』筑摩書房、二〇一三年、二五六頁。

11——憲法学者の側からも、「立憲・平和主義の構想が、個人の尊重を基底的価値とする利権主義と結合した平和主義であるならば、『非平和の悲惨さと不条理さ』という問題から目を逸らすことは許されない」という応答がある。愛敬、前掲注3、二四五頁。

12——阪本昌成「武力行使違法化原則のなかの9条論」ジュリスト一三三四号(二〇〇七年)五〇頁以下。これに賛同するものとして、村瀬信也「安全保障に関する国際法と日本法(下)——集団的自衛権及び国際平和活動の文脈で」ジュリスト一三五〇号(二〇〇八年)五二頁以下六四頁。

13——横大道聡「平和主義・国際貢献・集団的自衛権」法律時報八六巻五号(二〇一四年)四五頁以下、四六〜四七頁。

14——前文は法規範であるが、裁判規範性については議論のあるところである。

15——村瀬の主張に対して、「9条の制定経緯とその歴史的環境及び当時の国民意識、従来の政府解釈と憲法学説、そして、現在の国民意識との関係でも、十分な説得力を調達することは難しい」と愛敬は批判する。愛敬浩二「自衛隊論の現在と憲法9条論の課題」ジュリスト一三七八号(二〇〇九年)一一四頁以下、一一六頁。

16——「国の保有しうる軍備を限定すること、あるいはさらに推し進めて、「戦力」と言いうる組織の保持を禁止する主張が表れることも不思議ではない」長谷部恭男『憲法』第六版、新世社、二〇一四年、六七頁。

17——NHK前掲注16。「あなたは、今の憲法を、改正する必要があると思いますか。それとも、改正する必要はないと思いますか」という質問に対して、「改正する必要があると思う」が四二・五%で、「改正する必要はないと思う」が三四・四%で、改正肯定派が多数派である。そして、「改正する必要があると思う」と回答した者の間では、その理由として「日本を取り巻く安全保障環境の変化に対応するため必要だから」(五三・三%)が最上位に来る。ところが、「憲法第9条は、戦争を放棄し、戦力をもたないことを定めています。あなたは、この第9条は、日本の平和と安全に、どの程度役に立っているとお考えですか」に対しては、「非常に役に立っている」(二九・四%)、「ある程度役に立っている」(五二・六%)、「あまり役に立っていない」(一一・一%)、「まったく役に立っていない」(二・三%)、「わからない、無回答」(四・七%)と回答しており、「非常に役に立っている」と「ある程度役に立っている」を足すと八二%が九条を肯定的に評価している。そして、「あなたは、いわゆる「憲法の放棄」を定めた第9条を改正する必要があると思いますか。それとも改正する必要はないと思いますか」という質問に対しては、「改正する必要がないと思う」（五七・二%）が「改正する必要があると思う」（二五・四%）を相当上回る結果となっている（かつ二〇〇二年と比較して改正する必要がない思う割合は五%程度増加した）改正する必要がないと思う人（全体の五七・二%）が挙げる理由の最上位に来るのが「平和憲法としてもっとも大事な条文だから」（五八・四%）である。他方、改正する必要があると思う人（二五・四%）が挙げる理由の最上位に来るのは「日本をとりまく安全保障環境の変化に対応するために必要だから」（五三・五%）である。

18——芦部、前掲注6、五六頁。

19——同上。

20——学説は、当初、世界連邦主義や国連による安全保障方式を前提にしてきた。「憲法の永久平和主義と国際協調主義が現実性をもちうるには、それを保障する国際組織とその発展が必要不可欠である。国際連合はまさにそのような組織として今後期待されうる」（清水睦『憲法』中央大学教育部、二〇〇〇年、五八頁）、「仮定の問題として、…中立的性格をもつ国連軍が、必要に応じてわが国の安全保障のために日本に駐留するならば、それをも第9条の禁ずる戦力だという必要はないし、そうした方式による安全保障は、むしろ憲法前文の国際協調主義とも合致する」（小林直樹『憲法・上』東京大学出版会、一九八〇年、二二三頁）。

21——古関彰一「『国際協調主義』の視点から日本国憲法を読み直す」潮一九九六年六月号八六頁以下、九〇頁。

22——二〇一四（平成二六）年七月一日、国家安全保障会議決定・閣議決定「国の存立を全うし、国民を守るための切れ目のない安全保障法制の整備について」

23——閣議決定による解釈変更に反対する立場は、立憲主義に反する、法的安定性を損なうと主張した。これに対する批判として、山元一「九条論を開く——〈平和主義と立憲主義の交錯〉をめぐる一考察」水島朝穂『立憲ダイナミズム』岩波書店、二〇一四年、七三頁以下参照。なお、筆者は、横大道聡の主張する「国会重視の憲法解釈論」に注目する。横大道は、内閣法制局の解釈に法的拘束力があるわけではなく、その解釈がこれまで維持・尊重されてきたのは、歴代の内閣が採用してきたこと、国会の場で政府の立場として繰り返されてきたことを重視し、国会で積み重ねられて確立した憲法解釈の根本部分は、憲法改正という正攻法をとるべきだと主張する。横大道、前掲注12。

24——大沼保昭「護憲的改憲論」ジュリスト一二六〇号（二〇〇四年）一五〇頁以下、一五二頁。

25——村瀬、前掲注12、五三頁。

26——同上、五六頁。

27――同上、五六頁。
28――森肇志「国際法における集団的自衛権の位置」ジュリスト一三四三号（二〇〇七年）一七頁以下、二六頁。
29――佐藤哲夫「国連による安全保障の70年と日本の対応」法律時報八七巻一二号（二〇一五年）二一頁以下、二六頁。
30――清水、前掲注1、七五頁および七七頁。
31――清水奈名子「人道的介入と規範的秩序」阪口正二郎編『憲法5　グローバル化と憲法』岩波書店、二〇〇七年、四五頁以下、四九頁。
32――佐藤、前掲注29、二六頁。
33――清水、前掲注1、七七頁。
34――Summary of Troop Contributing Countries by Ranking (30/06/2017)〈http://www.un.org/en/peacekeeping/contributors/2017/jun17_2.pdf〉. 自衛隊が南スーダンから二〇一七年五月末に帰国する直前は日本からの派遣員数は三二人であった。
35――伊豆山真理「インドの国連平和維持活動　国連主義としての軍事活動とその変容過程」、日本貿易振興機構アジア経済研究所『現代インドの国際関係：メジャー・パワーへの模索』二〇一二年、二二五頁以下、二五二頁。
36――同上。
37――同上。
38――佐藤、前掲注29、二六頁。
39――森、前掲注28、二六頁。「一方で、武力攻撃の発生が安保理によって認定されない場合でも、集団的自衛権の行使が望ましい場合も考えられよう。他方で、そうした認定がなされた場合であっても、その意思決定が真に公正で正当なものであるかについて、各国が精査した上で各々の行動を決定することが求められよう。」（同上）。
40――佐藤哲夫は、考慮要素として、①派遣に際しての安保理の許可決議の有無と内容、②派遣される部隊における任務内容と指揮権の所在、③武力行使の正当性基準に照らした評価の三点を挙げる。佐藤、前掲注29、二六頁。
41――清水、前掲注1、七六頁。
42――篠田英朗『平和構築入門――その思想と方法を問い直す』筑摩書房、二〇一三年参照。
43――清水、前掲注1、七七頁。
44――同上。

45　たとえば、愛敬浩二は「真摯に考えるべき論点の一つが『人道的介入』の問題」だとする（愛敬浩二「平和主義——『相対化の時代』における憲法9条論の課題」辻村みよ子・長谷部恭男編『憲法理論の再創造』日本評論社、二〇一一年、一三四頁）。ただし、後に愛敬は、「武力行使の可能性を排除しないけれども、実際の行使を極小化させるべく、『介入せよ、上流で』と論じた最上の人道的介入論である」と限定している（愛敬、前掲注3、二四五頁）。

46　詳細は、江島晶子「権利の多元的・多層的実現プロセス——憲法と国際人権条約の関係からグローバル人権法の可能性を模索する」公法研究七八号（二〇一六年）四七頁以下。

47　横大道、前掲注13、四八頁。

48　森肇志「憲法学と国際法学との対話に向けて」法律時報八七巻八号（二〇一五年）七六頁以下、八一頁。

49　村瀬信也「安全保障に関する国際法と日本法（上）——集団的自衛権及び国際平和活動の文脈で」ジュリスト一三四九号（二〇〇八年）九二頁以下、九二頁。

50　山元、前掲注23、八二頁

51　小寺彰・奥脇直也「国際公秩序への我が国の対応——本特集に寄せて」ジュリスト一三四三号（二〇〇七年）六頁以下、七頁。

52　同上。

53　同上、六～七頁。

54　森、前掲注48、八〇頁。

55　阿部浩己「安保関連法の成立と国際法」法律時報八七巻一二号（二〇一五年）四頁以下、四頁。

56　小寺彰『パラダイム国際法』有斐閣、二〇〇四年、i頁。「国際社会における統治システムのあり方に対する視点として、世界政府的な理念型を基準にすることは厳に慎まなくてはならない。統治システムのあり方は共同体・社会の性質に依存するのであり、ポイントは社会を統治する機構の統治能力にあるのではなく、機構を支える社会の統治可能性にこそある」（佐藤哲夫、前掲注29、二二頁）。合わせて佐藤哲夫『国連安全保障理事会と憲章第7章——集団安全保障制度の創造的展開とその課題』有斐閣、二〇一五年参照。

57　最上敏樹「国際立憲主義の新たな地平——ヒエラルキー、ヘテラルキー、脱ヨーロッパ化」法律時報八五巻一一号（二〇一三年）六頁以下、篠田英朗『「国家主権」という思想　国際立憲主義への軌跡』勁草書房、二〇一二年、丸山政己「国連安全保障理事会による「国際立法」とその実施に関する一考察——国際立憲主義の観点から」山形大学法

政論叢六二号（二〇一五年）一四五頁以下、山元一、前掲注23参照。

58——江島晶子「国際人権保障の観点から見た『国際協調主義』の課題と可能性——ヨーロッパ人権条約およびイギリスの関係を手がかりに」笹川紀勝編著『憲法の国際協調主義の展開』敬文堂、二〇一二年、四一頁以下。

59——高柳賢三・大友一郎・田中英夫編著『日本国憲法制定の過程——連合国総司令部側の記録による Ⅰ 原文と翻訳』（以下、高柳Ⅰ）有斐閣、一九七二年、二四九～二五三頁および高柳賢三・大友一郎・田中英夫編著『日本憲法制定の過程——連合国総司令部側の記録による Ⅱ 解説』（以下、高柳Ⅱ）有斐閣、一九七二年、一一五～一一六頁。

60——高柳Ⅰ、前掲注59、二四九頁。

61——同上、二五一～二五二頁。

62——マッカーサー草案から現行憲法（日本語）へという過程で、peopleがnationになった。

63——江橋崇「日本国憲法の国際協調主義と世界人権宣言」法学セミナー四〇六号（一九八八年）二〇頁以下、二一頁。

64——大久保史郎「人間の安全保障と日本国憲法」法学館憲法研究所『日本国憲法の多角的検証——憲法「改正」の動向をふまえて』日本評論社、二〇〇六年、三〇一頁、浦部法穂「憲法九条と『人間の安全保障』」法律時報七六巻七号（二〇〇四年）六三頁以下、六六頁。

65——江橋、前掲注63、二二頁。

66——高柳Ⅱ、前掲注59、二八一～二八二頁、新正幸「憲法98条2項立案過程の分析（二）」行政社会論集二巻二号（一九八九年）九頁以下、一四頁および一六頁。

67——樋口陽一他『憲法Ⅳ』青林書院新社、二〇〇四年、三三〇～三三一頁（佐藤幸治執筆）。

68——佐藤幸治『憲法』第三版、青林書院、一九九五年、八三頁。なお、本章では国際協和主義を国際協調主義と同趣旨のものとしてとらえた。なお、佐藤幸治は、最近の教科書では、「絶対的平和主義は、個人の理想・信条としては立派であるとしても、一国内にせよ、国際社会にせよ、公正な政治秩序を保障するものではない。公正な国際社会秩序の形成は、利害の対立・抗争する複雑な諸関係の中で、国連憲章前文も謳う『基本的人権と人間の尊厳及び価値と男女及び大小各国の同権に関する信念』と国際的世論を背景に、様々な次元における関係諸国家・個人の交渉によるルール作りと施行の確保に向けた日々の営みにかかっている」とした上、「日本国憲法の『国際協和』は、日本の国家・国民をこのような企図への積極的参与を促そうとするものである」と述べている。佐藤幸治『日本国憲法論』成文堂、二〇一一年、八〇頁。

69——樋口陽一『憲法Ⅰ』青林書院、一九九八年、四一七頁。樋口は、日本国憲法の平和主義については、フランス革命憲法史までさかのぼる国際協調主義の系譜の中に位置づけ、その普遍性を明らかにすることが重要としつつ、およそ「暴力(ことばの広い意味での)によってまもられる平和」という考え方自体を否定する点で、断絶の関係にもあるとする。樋口陽一『憲法』第三版、創文社、二〇〇七年、一四八〜一四九頁。

70——江橋、前掲注63、二二一〜二二三頁。

71——外務省『日本の安全保障政策 積極的平和主義』二〇一六年。

72——外務省『平成29年版外交青書』二〇一七年。

73——芦部信喜『憲法学Ⅰ憲法総論』有斐閣、一九九二年、八四頁。

74——樋口陽一他『注釈日本国憲法下巻』青林書院、一九八八年、一五〇一頁(佐藤幸治執筆)。

75——阪本昌成『憲法理論Ⅰ』補訂第三版、成文堂、九七頁。

76——例として、佐藤、前掲注68、四一七頁:野中俊彦他『憲法Ⅰ』第五版、有斐閣、二〇一二年、二二二頁:芦部、前掲注6、九二頁:高橋和之『立憲主義と日本国憲法』第三版、有斐閣、二〇一三年、八六頁。

77——最高裁二〇〇八(平成二〇)年六月四日大法廷判決(国籍法違憲)は多数意見において、その結論を補強するものとして、複数の国際人権条約の名称に言及した点において、最高裁二〇一三(平成二五)年九月四日決定(民法九〇〇条四号但書違憲)は条約機関の意見・勧告に言及した点で画期的である。

78——申惠丰「国際人権法の国内規範性とその影響」中川淳司他『国際法学の地平——歴史、理論、実証』東信堂、二〇〇八年、四三八頁。

79——江島、前掲注58。

80——川嶋周一「地域統合史のなかの国際協調主義——ヨーロッパとアジアの比較と交錯」笹川紀勝編『憲法の国際協調主義の展開』敬文堂、二〇一二年、六頁。

81——江島晶子「憲法の未来像における国際人権条約のポジション——多層レベルでの『対話』の促進」辻村みよ子・長谷部恭男編『憲法理論の再創造』日本評論社、二〇一一年、三二四頁。

82——森、前掲注48。

83——杉原泰雄(編)『新版体系憲法事典』青林書院、二〇〇八年、三〇三頁(君島東彦執筆)。

第2章

安全保障多国間枠組み作りへの日米のアプローチ

芦澤久仁子
ASHIZAWA Kuniko

はじめに

安全保障分野における国家間の地域機構・多国間枠組み作りにおいて、東アジアは長年、後進地域と見られてきた。とりわけ北大西洋条約機構(NATO)や欧州安全保障機構(OSCE)などがあるヨーロッパと比べると、その差は歴然としていた。しかしながら、九〇年代半ばから、東アジア地域の安全保障問題を扱う多国間組織が、徐々にではあるが誕生していることも事実である。一九九四年に創設されたASEAN地域フォーラム(ARF)、二〇一〇年発足の拡大ASEAN国防相会議(ADMMプラス)などである。

これらの比較的新しいアジア多国間枠組み・地域機構に共通するのは、当面与えられた権限が信頼醸成、紛争予防外交、海賊対策、人道支援・災害援助といった、非伝統的な安全保障分野の問題に集中していることである。

もちろん、それは、安全保障の多国間枠組みが非伝統的な安全保障の問題しか扱えないという意味ではない。地域軍事同盟として機能してきたNATOの例を見れば、伝統的な安全保障の分野での地域多国間枠組の適用は可能である。しかし、東アジアでは、歴史的および構造的な理由で、多国間枠組みの機能はこれまでのところ非伝統的な安全保障の分野に限定されており、この状況は、少なくとも短・中期的に今後も続くであろう。

このような背景を基に、本章は、東アジア地域における多国間安全保障の枠組み作りに対する、日米両国の政策アプローチと対応を比較・考察する。具体的なケースとして、①東アジアにおける最初の多国間安全保障枠組みとなったARF、②マラッカ海峡を中心に深刻化した海賊問題に対処する「アジア海賊対策地域協定(ReCAAP)」、③米国を含めたアジア関連諸国の防衛大臣が一堂に会する唯一の公式枠組みADMMプラスを取り上げ、それぞれの枠組みの立ち上げの際の日米両国の行動を分析する。

まず次項では、東アジアの多国間安全保障枠組み作りという政策オプションに対して、冷戦期の日米両国がどのような立場をとっていたかを簡単に振り返るとともに、国際関係論における、多国間アプローチ・主義という概念の意義について言及する。それに続き、上記の三ケースを通じて、冷戦後の両国の政策・対応を、九〇年代および二〇〇〇年以降から現在までの二つのフェーズに分けて考察し、結論部分で比較・評価を行う。

1　冷戦期のアジア——多国間枠組み不毛地帯

周知の通り、冷戦期の東アジアにおける安全保障システムは、米国が主導する二国間同盟・安全保障協力体制に拠っていた。航空業界用語を借りた「ハブ・アンド・スポーク」と呼ばれるシステムで、ハブ(中心の大型空港)に位置する米国から、日本、韓国、フィリピンなどのアジア同盟国・安保協力国(地方空港)がそれぞれの軸で放射線状に繋がっているイメージである。そして、日米同盟(当時の通称は日米安全保障条約)が、そのシステム全体においての礎(Cornerstone)と言われる重要な機能を担っていた。翻って、多国間安全保障の枠組みの機能的な役割は、このシステムにおいて明確に想定されていなかった。

この冷戦期における日米両国の安全保障の多国間枠組みに対する立場であるが、米国の場合、多国間枠組みのオプションへの関心は、冷戦初期の頃にはある程度存在していた。日本、フィリピン、豪州、ニュージーランドとの多国間安全保障枠組みの太平洋条約機構(Pacific Pact)構想と、東南アジア二国に米・英・仏・豪などを加えた東南アジア条約機構(SEATO)である[1]。前者は、日本との戦争の記憶がまだ生々しい豪州やフィリピンが拒否し、日本側も米国との二国間枠組みを希望したために実現しなかったが、後者のSEATOは一九五四年に創設された。

しかし、その関心のレベルはそれほど高いものではなく、SEATO自体が徐々に機能しなくなると、米政府はその組織維持への努力を特段することなく、自然消滅のような形で一九七七年の解体となった[2]。それとともに、米国の東アジア安保における多国間枠組みに対する見方は否定的なものとなり、最終的に「そのような枠組みは、米国とアジア諸国との二国間同盟・安保協力体制の安定を脅かす可能性がある」という立場を取るようになった。つまり、米政権の外交担当者らが「非常に効果的だ」[3]と満足していた「ハブ・アンド・スポーク」システムに、厄介な影響を及ぼすに違いない、余計な物と位置付けたのだ。

他方、日本は冷戦当初からほぼ一貫して、アジアにおける安全保障の多国間枠組みには懐疑的だった。日本のアジア侵略の正当化概念として使われた「大東亜共栄圏」構想を想起させるような、アジアの多国間枠組み作りは、外交オプションとして避けなければならず、また、冷戦中の日本の安全保障・外交政策の中心は、言うまでもなく、米国との二国間関係にあったからだ。従って、米国側が、地域多国間枠組みに否定的な立場をとると、日本政府としては、ごく自然に同調の立場を取るに至った。

ここで留意すべきなのは、この日米両政府の立場（多国間枠組みのオプションは、二国間同盟システムの安定にネガティブな影響を与える）は、多国間・地域機構を作ることによって、該当地域の安全保障がかえって損なわれる可能性がある、と暗喩していること。しかし、そのような考え方は、一般的な外交・国際政治の専門家たちの間で必ずしも幅広く共有されていたわけではなく、特に国際関係論での理論的な議論においては逆に、やや特殊な見方だったと言う点である。

例えば、国際関係における多国間組織作り、多国間アプローチを最初に理論分析をしたリベラル学派の「ネオリベラル制度主義」によれば、多国間枠組みは一国それぞれや二国間協力にくらべて、複数の国家間で共有される問題をより効率的に対応・解決することが出来る機能とされる。なぜなら、その作業に必要な費用コスト（人的、そして財源的な）及び情報を、参加国全てが共有・プールするので、一国または二国レベルでの作業によって生じる無駄や重複を避けることが出来るからだ。従って、複数の国家間の共通問題の最たるものである地域安全保障に対しても、少なからずポジティブな効果をもたらすとされる[4]。

さらに、八〇年代後半に台頭したコンストラクティビズム学派は、多国間制度・アプローチには暗黙の了解的な互恵主義（diffused reciprocity）や運命共同体的な感覚（indivisibility）といった行動規範が内包されているので、参加国間の協調・協力関係が一国主義や二国間主義に比べて必然的に促進され、その結果、地域安全保障への本質的な貢献となると考える[5]。また通常、多国間制度や国際機関全般に懐疑的な立場をとる伝統的なリアリズム学派においても、地域多国間機構の存在が地域平和・安定のための重要な役割を果たすという考え方が、第二次世界大戦後のヨーロッパでの経験をもとに少なからず共有されている[6]。

しかし、このような多国間枠組みに対する肯定的な考え方は、当時の日米当局者達の関心を引かなかった。超大国の米国は、力関係がストレートに反映される二国間枠組みの方が都合が良い上、多国間枠組みを通じての協力は時間がかかり、大国の米国でさえも譲歩を期待されるので厄介だと考え、本能的に多国間オプションを排除してしまったと言える。他方、憲法上の制約のために国家安全保障を米国に依存せざるを得ない日本は、安全保障政策の分野において米国の政策方針に協調することが国家政策であり、その意味では、日本政府の多国間枠組みの否定は条件反射的対応だったとも言えよう。

2 冷戦後の変化——ASEAN地域フォーラム(ARF)発足

安全保障に関する多国間枠組みにとっては文字通り不毛地帯だったアジアに新たな動きをもたらしたのは、冷戦の終結であった。一九九四年に、アジアにおける地域安全保障問題について話し合う多国間枠組みARFが設立された。名称がASEANで始まるので誤解を招きやすいが、ARFの目的は東南アジア地域のみならず、アジア太平洋全域の関係国による安全保障の対話および協議を促進し、それによってアジア地域での信頼情勢と予防外交に貢献することである。設立メンバーは、当時のASEAN加盟国(インドネシア、シンガポール、タイ、フィリピン、マレーシア)、日中韓の北東アジア三ヶ国に加え、ロシア、米国、豪州、ニュージーランド、カナダ等のアジア域外諸国、さらにEUも含めた一八カ国・機関であった(現在は、北朝鮮も含めた二十六カ国・機関)[7]。

その具体的な機能であるが、安全保障の多国間枠組みとは言っても、NATOやアフリカン・ユニオンのように集団自衛や紛争解決のための共同軍事行動を目指すものではなく、地域安全保障問題に関する多国間対話と情報交換を中心に、メンバー諸国間の信頼情勢を目指す外交的活動が主体である。最も重要な機能は年に一度のメンバー諸国の外相が集合して地域安全保障について話し合う閣僚会議で、それを柱に政策実務レベルでの様々な会合・ワークショップがテーマ別に随時開催され、政策協調に向けた報告書や提案が作成される。その閣僚会議だが、いわゆるASEAN方式と呼ばれるコンセンサスによる意思決定を基礎としているので(つまり投票による意思決定では無い)、結果として大きな政策イニシアチブを出すのは難しく、実際は会合時に問題となっている地域安全保障関連の問題に対して(例えば、北朝鮮のミサイルテストなど)共同声明をだして、メンバー諸国間の共通意識を高めるというレベルの機能に止まっているのが現状である。

そのため、問題解決に向けた具体的な共同行動に至らない、単なる「トークショップ」であるとの批判が創設当初から聞かれる。しかし同時に、北朝鮮が参加する唯一の地域枠組みであること、定期閣僚会議の機会を利用して各国がさまざまな二国間外相会議を行えること、そして関係国間の信頼醸成が依然としてアジア地域安定への重要なアジェンダであることなどが、設立から既に二〇年以上のARFに引き続きの存在意義を与えていると言えよう。

◆日本の積極関与——中山提案と重層的地域秩序

ARFの設立において中心的な役割を担ったのは、その名称が示すように、ASEANだった。一九九二年のASEAN首脳会議で、アジア全体の地域安全保障対話の枠組み作りを提案し、その後、非ASEAN諸国との調整外交を、一九九四年の設立に向けて進めた[8]。日本の関与はあくまでも脇役的なものであったが、同時に、脇役陣の間では最も目立つものだったと言えよう。

日本の関与は、一九九一年のASEAN拡大外相会議(ASEANと、日、米、豪州、韓国、カナダなどのダイアログパートナー諸国との定例会議)で、中山太郎外相が、アジア地域の安全保障問題について「政治的対話」をする多国間フォーラムの設置を提案したことから始まる[9]。この提案は、その後「中山提案」と関係者達から呼ばれることになるのだが、既存のASEAN拡大外相会議の枠組みを利用して「地域安全保障対話」を定例化するというアイデアだったので、参加国の構成だけで見ると、実際のARFよりも小さな枠組みでの提案であった。しかし目的機能の点から見れば「地域安全保障対話」という、まさにARFの主要機能を「中山提案」は明白に打ち出していた。

ここで注意すべきは、日本政府の「中山提案」がＡＳＥＡＮによるＡＲＦの正式提案の数ヶ月前に出されたことである。同提案以前にも、カナダや豪州、ソ連がアジアにおける多国間安全保障の枠組み作りを提案したが、それらの提案は組織のメンバーシップ、組織形態や機能の点でＡＲＦとはかけ離れており、非ＡＳＥＡＮ諸国による提案の中では「中山提案」が最もＡＲＦに近かった。

したがって、既にアジアの多国間安全保障枠組み作りを提案していた国々は、日本の「中山提案」に対して概ね支持の立場をとった。しかし、その他の国の反応は、当初あまりかんばしいものではなかった。ＡＳＥＡＮ諸国はインドネシアとマレーシアを中心に「中山提案」に対して異議を唱え、米国ではジェームズ・ベーカー国務長官が否定的な見方を示した。ＡＳＥＡＮ諸国と米国という主要アクターからの冷淡な反応を受けたため、日本政府はその後暫くの間「様子見」の態度を取らざるを得なかった。

ところが、先述のように、翌一九九二年にＡＳＥＡＮ自体が地域安全保障対話の枠組み作りを正式提案したため、日本側は渡りに船とばかり、その後の二年間ＡＳＥＡＮのリーダーシップを後方支援する形でＡＲＦ設立実現のための外交活動を行なった。例えば、首相の外遊スピーチでアジアの安全保障対話枠組み作りへの日本の支持を改めて表明したり、米国との二国間協議の際に地域安全保障対話の意義を指摘するといった行動である。ＡＲＦが晴れて設立すると、日本政府はテーマ別セッション会議の議長を務めたり、関連セミナーを東京で開催するなど、九〇年代後半を通じてＡＲＦに対して積極的な政策をとった。

これらのようなＡＲＦ創設への日本の関与は、前項で述べた冷戦時の日本の地域多国間安全保障枠組みに対する立場とは大きな方針転換である。そしてこの転換は、当時の日本の外交担当者達のアジア地域の安全保障全般に対しての基本的アプローチの変化、という文脈の中で理解されるべきであろう。冷戦時の日本外交の基本的アプローチは、前述の米国主導の「ハブ・アンド・スポーク・システム」によるアジア地域秩序維持だったのだが、冷戦終結を迎えて「重層的システム」という概念が新しい地域秩序のあり方として外交担当者達の間で採用された。そのため、ＡＲＦのような多国間安全保障の枠組み作りが政策オプションとして浮上したのである。

この「重層的システム」概念は、「冷戦後のアジア地域の秩序は、既存の米国主導の二国間同盟の枠組みを基盤としつつ、紛争解決や信頼醸成対話のみならず経済や環境などの個々の分野に特化するいろいろな形式の多国間枠組み（サブリージョナルと汎リージョナル両方を含む）を重層的に配置することによって、維持することが出来る」という考え方である[10]。従って、日本のＡＲＦ実現に向けての積極的な外交行動は、自らが描いた「重層的システム」の構築に向けた最初の試みだったと言える。そのプロセスで、日本の外交担当者は、ＡＲＦ創設に二つのメリットを見出していた。第一は中小国の声が尊重されやすい多国間枠組を推進することで、日本の大国化を懸念するアジア諸国を安心させる点。第二は冷戦後のアジア離れが懸念されていた米国をアジアの多国間枠組み入れることによって、米国のアジアへの関与を少しでも確実にする点であった[11]。

重要なことは、このシステムが「ハブ・アンド・スポーク・システム」からの完全な脱却ではなく、同システムを基盤にしながら、その上に多国間枠組みが補完的な役割で付け加えられた形であることである。つまり、日本政府は、あくまでも既存の二国間同盟・安全保障協力体制を補完するという位置付けで、ＡＲＦを推進していた。

◆米国の変化——否定から慎重支持へ

他方の米国は早い時期から積極的だった日本とは対照的に、概ね受け身の対応に終始した。この時期、ＡＲＦへとつながるアジア地域安全保障を扱う多国間枠組みの提案は米政府からは出されず、先述のように日本の「中山提案」に対しては、即座に否定的な反応を示した。「中山提案」の二日後、当時のベーカー国務長官が会見で「現存する（二国間の）枠組みの役割を変更したり、またはそれを別の何かのために無くしてしまうようなことについては、私たちは慎重になるべきだ」とコメントを出している[12]。このベーカー長官のコメントは、前項で述べた地域安全保障の多国間枠組みが米国とアジア諸国との二国間同盟・安保協力体制の安定を脅かすことになるという、冷戦後半期の米国の立場をそのまま反映していた。この懐疑的な見方は冷戦終結時点でも継続し、「中山提案」の半年後にＡＳＥＡＮがＡＲＦ創設の提案をした際も、米国政府は立場を変えなかった。

この米国の態度に変化が訪れたのは、一九九三年の春のことだった。この年に誕生したビル・クリントン政権の国務次官補（アジア太平洋担当）となるウインストン・ロードが議会承認に向けての上院外交委員会公聴会で、ＡＲＦ創設の提案を承認したのである。具体的には、クリントン新政権のアジア太平洋政策における一〇の目標の一つとして「安全保障対話の多国間フォーラムを創設すること」を掲げたのである[13]。さらにその三ヶ月後には、クリントン大統領自らが訪問先の韓国での演説で、アジア太平洋における地域安全保障対話の必要性を訴えた。この米国の立場の変化により、これまでのＡＳＥＡＮ側のＡＲＦ創設への外交努力に弾みがつき、翌年一九九四年七月のＡＲＦ創設正式発足に至った。

このように、日本より二年ほど遅れてＡＲＦ創設を支持するに至った米国であるが、何故それまでの地域多国間枠組みを否定する立場を変えたのだろうか。これには、米政府の政権交代が関係している。前述のように、一九九三年の一月に共和党のブッシュ（父）政権から民主党のクリントン政権へと移行したが、政権交代時の慣例作業として、外交や国内政策など幅広い分野で主要政策の見直し・確認が行われた。対アジア太平洋政策の分野も例外でなく、その見直し作業を通じて、前述のロード国務次官補を筆頭とした新しい政策担当者達らは多国間安全保障対話の提案を検討し直し、提案支持の決定を行なった。支持の理由は、ＡＲＦの設立によって米国が冷戦後も引き続きアジアの安全保障に関与していくことをアジア諸国に示すことができ[14]、それが既存の二国間同盟システムを安定させることにもつながると理解したからだった。言い換えると、それまで何か厄介で必要のないものとされていたＡＲＦ構想が、新政権誕生に伴う政策レビュー・プロセスを経て、米国のアジア政策においてそれなりに有益なものだと判断されたのである。

興味深いことに、政権交代に伴ってアジアの多国間枠組み作りに対する米国の立場が変化した例はこれだけではない。経済の分野であるが、一九八九年に創設された、初のアジア太平洋の地域多国間経済機構、アジア太平洋経済協力（APEC）のケースでも、ロナルド・レーガン政権時の米国は当初、日本がそのアイデアを打診した時には関心を示さなかったのだが、翌年にブッシュ（父）政権になるとAPEC構想支持の立場をとり、その実現に動いたのである。この場合も、政権誕生にともなる主要政策レビューのプロセスを経ての政策変更だった[15]。このように、米国政府がAPECとARFの両方で同じような行動パターンをとったことから言えるのは、米政府にとって、アジアにおける多国間枠組み作りというテーマは外交課題の中では通常低い位置づけなので、平常時に他国から新提案が出されると、これまでのやり方を乱すもの、として深く考察する前に条件反射的に懐疑的・否定的な反応をする。しかし政権移行に伴い真剣に検討する機会が生まれると、多国間枠組みのメリットを冷静に認識し支持に至るということであろう。そして、このパターンはその後の米国の対アジア政策にも程度の差はあれ見られることになる。

ちなみにAPECとARFの比較は、日本のケースでも興味深い。APEC構想は豪州のホーク首相が一九八九年一月に公式提案したのだが、その半年以上前に日本の通商産業省（当時）が同様の構想を立ち上げ、東南アジア諸国や米国など関係諸国に構想を提案・打診しているのだ（前述の米国の無関心は、この時点でのこと）。そして豪州の公式提案を受けて、日本は米国を含めたその他の国へのロビイングをすることで、APEC実現へと動いた[16]。つまりARFの場合と同様に、日本は新しい地域多国間枠組みを作るというアイデアを比較的早い時点で着想し、それの実現のために脇役ながらも積極的な外交活動を行なったのである。このAPECとARF設立に共通した日本の行動パターンは、当時の日本がアジアにおける最大の経済大国として冷戦後の地域秩序作りに積極的になり、その文脈の中で、それまで存在しなかった地域多国間枠組み作りに意義を見出し推進したと理解できる。そして以後で触れるように、この日本外交のパターンは、ARF設立以降の多国間地域機構作りにおいても観察することが出来る。

3 二一世紀の新たな試み——海賊対策

アジアにおける多国間枠組み・機構は、ARF設立で弾みがついたように、九〇年代後半から二一世紀初頭を通じてその数を増やしていった。一九九七年に始まった金融・通貨問題を中心に地域協力を推進する「ASEAN+3」(ASEANと日中韓の三国)、二〇〇五年発足の東アジア諸国に豪州、ニュージーランド、インド(後に米国とロシアも参加)を加えた東アジア首脳会議(EAS)などに代表される現象である。その枠組みの多くは情報提供や意見交換の場という枠組みにとどまるため、単なる「トークショップ」との批判は依然として強いが、ASEAN+3での通貨スワップ協定など、より制度化された枠組みも徐々にではあるが出来ている。

安全保障の分野も例外ではなく、地域安全保障の問題を扱う新しい枠組みがいくつか立ち上がった。その中の主要事例として、まず、アジア海賊対策地域協定(以下、ReCAAP)における日米の関わり方を考察する。

ReCAAPはマラッカ海峡を中心としたアジアの海賊問題に対処するための地域協力促進を目的に二〇〇四年に締結された多国間協定で、英語の正式名称はRegional Cooperation Agreement on Combating Piracy and Armed Robbery against Ships in Asiaである。採択時の交渉参加国はASEAN諸国、日中韓の北東アジア三カ国にインド、スリランカなどを加えた一六カ国で、必要数の批准を受けて二〇〇六年にマレーシアとインドネシアを除く一四カ国をメンバーとして発効した。その後、オランダ、オーストラリア、米国などが新たに加わり、現在のメンバーは二〇カ国にのぼっている(マレーシアとインドネシアは未だに批准せず)。この協定は、締約国間の海賊に関する情報を共有することと、海上での警備・捜査協力体制の開発を行うことに主眼が置かれており、特に情報共有の組織メカニズムとして、シンガポールに「ReCAAP情報共有センター（ISC：Information Sharing Centre）」が設立されている[17]。

ReCAAPにおける具体的な活動として、メンバー諸国は、ReCAAP情報共有センターを通じて海賊関係の情報共有を図るとともに、容疑者の発見・逮捕、容疑船舶の拿捕といった行動に関する協力体制の構築を目指す。さらに、メンバー諸国間の、犯罪人引渡しやそれに関わる法律の相互援助についての二国間協力の促進も、ReCAAPの目的となっている。特筆すべきは、ReCAAPは海賊対策に特化した国際機関としてアジア地域のみならず、世界でも最初の例となり、既にインド洋北西のアデン湾と西アフリカのギニア湾周辺での海賊問題対策で、それぞれの関係国達がReCAAPに倣った機構を設立している[18]。また、ReCAAPの設立は、概ね、アジアの海賊対策においての多国間協力の重要なステップだと認識されている[19]。しかし同時に、アジアの海賊問題のまさに当事者国であるインドネシアとマレーシアの不参加（両国とも、他国、特にシンガポールとの情報共有を忌避している）はReCAAPの大きな限界と考えられ、海賊行為数の減少におけるReCAAPの有効性についても専門家の間で意見が割れている[20]。

◆提案国だった日本

世界で初めての海賊対策に関する多国間機構となったReCAAP創設に、非常に重要な役割を果たしたのは日本だった。というのもReCAAP構想は、一九九九年にフィリピンで行われた日・ASEAN首脳会議で、当時の小渕恵三首相が提案した「海賊対策国際会議」が発端となっているからである。

小渕首相の提案を受けて翌年四月には、ASEAN諸国と日中韓にインドやスリランカなどを加えた一七カ国・地域の海上警備期間と海事政策担当局の代表が出席する国際会議が東京で開催され、「東京アピール」「アジア海賊チャレンジ二〇〇〇」「モデルアクションプラン」の三決議が採択された[21]。これらの決議を受けて翌二〇〇一年一〇月に「海賊対策アジア協力会議」が再び東京で開催され、海賊対策の地域協力促進のための地域協定作成の必要性が認識された。この会議の結果を踏まえて、翌十一月のＡＳＥＡＮ＋３首脳会議（於ブルネイ）で、小泉首相（当時）が海賊対策に関する地域協力協定の作成を関係諸国間で公式に検討するための政府専門作業部会の開催を提案し、会議参加国からの賛同を受けた。

小泉首相の提案後、ＡＳＥＡＮ＋３のメンバー国（ＡＳＥＡＮと日中韓）にインド、スリランカ、バングラデシュを加えた一六カ国による専門家会合が三年に亘って開催された。それらの会合は主に日本の国際交流基金が資金を負担し、日本外務省と海上保安庁の担当部・局長らが主導する形でＲｅＣＡＡＰ構想の実現に向けての議論を進めた。その結果、先述のように二〇〇四年一一月の採択、二〇〇六年九月の発効に至ったのである[22]。発効の二カ月後にＲｅＣＡＡＰ情報共有センターがシンガポールに設立され、情報共有と海賊対策協力の体制作りを推進するとともに、ＲｅＣＡＡＰの事務局と理事会の機能を持つことになった。情報共有センターの初代事務局長には伊藤嘉章国連代表部公使が就任、続く二代の事務局長も日本の外務省出身者が務めており、このポジションは事実上日本人枠となっている。

もちろん、ＲｅＣＡＡＰ情報共有センターと事務局の所在国であるシンガポールも、ＲｅＣＡＡＰ創設に積極的に関与し、特に資金面での貢献においては年一〇〇万ドル以上と加盟国の間では最大の出資国である（日本は年四〇〜五〇万ドルで二番目）[23]。従って、ＲｅＣＡＡＰ創設は日本とシンガポール二国の共同リーダーシップによるものだったと言えるが、日本はＡＰＥＣやＡＲＦのケースと同様に、早い時期にＲｅＣＡＡＰ構想を提案し、その実現に向けての地道な外交努力を行なったのが特徴的である。

このような日本のＲｅＣＡＡＰ創設においての積極的な外交行動の背景には、二つの動機があった。第一の動機は、アジアにおける海賊被害が日本にとっても大きな問題になっていたことである。ＡＳＥＡＮ諸国沿岸を中心としたアジア海域の海賊事件は九〇年代後半から増加し、二〇〇〇年の事件報告が四七〇件近くと、一〇〇件前後だった九〇年代前半と比べて五倍近くの増加となっていた[24]。その状況下で一九九九年には日本企業が所有する貨物船「アロンドラ・レインボー号」襲撃が発生し、二〇〇一年に起きた「アルベイ・ジャヤ号」事件では日本人乗組員三人が行方不明になるなど、日本人が直接の被害を受ける事件が続き、日本国内でアジアにおける海賊問題への関心が高まっていた。このことが、前述の小渕首相と小泉首相のそれぞれの提案へと繋がったのである。

また小渕・小泉提案に先駆けて、一九九六年に防衛研究所がアジアの海賊問題を中心とした海洋安全保障についての国際会議を主催し、海洋ガバナンスの地域多国間協力活動を目指す「ＯＰＫ（Ocean Peace Keeping）構想」を提唱している。さらに同構想について、二〇〇三年に石破茂防衛庁長官がシンガポールで開かれた「アジア安全保障会議」（英国シンクタンク、国際戦略研究所主催）で地域の安定に寄与する活動として改めて言及するなど、アジア海賊問題に対する日本政府の関心の高が示された[25]。

第二の動機は、日本外交政策者の間で共有されていた「アジア地域の安定と秩序作りにおいてのリーダーシップを発揮したい」という意識である。これは、先述のＡＰＥＣとＡＲＦの場合にも共通するもので、新しい地域多国間制度となるＲｅＣＡＡＰの創設は、ＡＲＦの際に日本の外交政策担当者達が描いた「重層的な地域秩序」構想に適するケースと考えられた。海賊という地域関係国共通の問題に対処する枠組み作りを提案し、その実現に向けての地域外交を展開することは、新アジア秩序構築における日本の指導者的な役割を発揮する良い機会だと捉えられたのである。

この「地域リーダーシップ発揮」意識の背景にあったのが、当時のアジアにおけるパワーバランスの変化である。九〇年代前半までの日本は世界第二の経済力を基にアジアでの揺るぎない大国の地位を維持していたが、九〇年代後半に入りその立場に変化が生じた。それは言うまでもなく中国の目覚ましい経済成長と九〇年代半ば以降の日本経済の長期的停滞によるもので、二一世紀前後には日本はアジアにおける唯一の大国という立場から、大国として台頭してきた中国と拮抗する立場になりつつあるという認識を持つに至っていた。この認識に加えて、実際に中国の対東南アジア融和政策が活発化してきたことを受けて、日本の外交政策者達はアジア諸国、特に東南アジア諸国に対して日本が建設的なリーダーシップを取る地域大国であることを実際の行動で示す必要性を感じていた。その意味で、日本がデザインした新しい地域多国間枠組みを提案し実現することは、いずれアジア最大の経済大国となる中国が、アジアにおいて覇権・支配主義的な行動をとることを牽制するための戦略でもあった[26]。

◆受け身だった米国の「アジア回帰（リバランス）」による変化

他方、米国のReCAAPへの関わりはARFのケースと同様、もしくはそれ以上に受け身で限定的であった。先述のように、米国は二〇〇四年のReCAAP採択時の交渉メンバーではなく、二〇〇六年の正式発効時も単なる傍観者だったのだが、その後ノルウェー（二〇〇九年）、デンマーク（二〇一〇年）、オランダ（二〇一〇年）、英国（二〇一二年）といったアジア地域外諸国の参加したのを受けて、二〇一二年にReCAAP参加の意思を表明した。そして二年後の二〇一四年九月に、二〇番目の締約国として正式参加した[27]。参加するにあたって、米沿岸警備隊の救援調整センター・アラメーダが担当部署となり、同隊のポール・トーマス少将（予防政策担当司令官補）がReCAAP情報共有センターへの米国代表となった。トーマス少将は就任の弁として、「ReCAAP参加は、米国政府と主要なアジアの多国間機構との外交、安全保障、人的な関係をさらに深めることになる」と述べ、国務省は「ReCAAPのメンバーになることで、米国は、アジア地域の重要なシーレーンと海域の海賊問題という共通の脅威に対処するための多国間協力を支持することが出来るようになった」と述べている[28]。

このような米国の対応は、新しい多国間枠組みの独自提案をした日本の積極的な関与とは対照的である。ただ、米国がReCAAPの創設に関わらなかったのは、米国の意識的な政策だったとは言えない。何故なら、前項で触れたように、日本が公式にReCAAP創設を提案したのは、米国が含まれないASEAN+3の首脳会議の場であったし、ReCAAP構想の発端となった小渕提案も、日本・ASEAN首脳会議でのことだった。つまり日本政府は、ReCAAP構想の中心にASEANをおくことを当初から前提とし、そのASEANは地域安全保障の問題に域外国、特に非アジア国が関与することに常々懐疑的だったため、米国をReCAAP構想の交渉国に入れるというオプションは日本側に無かったのである。従って米国はReCAAP発足のプロセスには招待されておらず、それに参加するための外交努力をあえてするには至らなかったということである。

その米国が、なぜ二〇一四年にReCAAPに加盟したのだろうか。前述の二〇〇九年のノルウエーを皮切りとした域外の西欧諸国の参加が一つのきっかけと言えるが、同時に二〇〇九年に誕生したバラク・オバマ政権が「アジア回帰(リバランス)」戦略を打ち出したことがより重要である[29]。この戦略は二〇一一年の後半に発表されたが、イラクとアフガニスタンが重視されたブッシュ(子)政権の戦略を見直し、米国世界戦略の重心をアジア・太平洋地域に移すというものである。その背景には、中国のアジアにおける急速な勢力拡大があり、特に南シナ海での領土問題をめぐる中国の拡大・挑発行為が深刻な問題となっていたことがある。その海域に関わる地域多国間枠組みに参加することは、まさに「アジア回帰」戦略に沿うもので、二〇一二年の参加意思表明と至ったのだ。この文脈で見れば、米国にとってのReCAAP加盟は、前述のトーマス少将や国務省担当者の言葉が示唆するように、米国のアジア地域への関与強化を実際の行動で示すための良い機会と捉えられたのである。

4 アジア初の国防大臣会議、ADMMプラス

最後の事例は、二〇一〇年に発足した、全域アジアの安全保障に関わる国防大臣間の対話枠組み、ADMMプラスである。その名称が示すように、この機構の立ち上げを主導したのはASEANだった。

先述の、一九九四年のARF発足によって、アジア地域で初の安全保障についての政府間対話の枠組みが立ち上がった。しかし、ARFは各国の外相・外務省を主体とした組織であるため、それとは別に国防相・国防省間による対話枠組みの必要性が、一部の防衛関係者や安全保障専門家達から指摘されていた。それに呼応して、英国のシンクタンク国際戦略研究所（IISS）が、アジア太平洋地域の国防関係者を招いて意見交換する「IISS安全保障会議（シャングリラ会合）」を二〇〇二年にシンガポールで開催された（その後、毎年六月に行われている）。この成功を受けて、中国やロシアなどが似たような半官半民の国防関係者会合を開催し、政府間レベルの正式な枠組み作りへの期待も関係国間でさらに高まったため、それまで消極的だったASEANがついに重い腰をあげることになったのだ。

ASEANが最初にとった行動は、二〇〇四年のASEAN首脳会議で採択された「ビエンチャン行動プログラム」で、ASEAN諸国のみによる国防大臣会合の設立を決定。それによって、二〇〇六年五月に第一回目のASEAN国防相会議（ADMM）がマレーシアで開催され、ADMM正式発足となった。その後、ADMMは順調に組織化を進めると共に、非ASEAN諸国を含める拡大版の創設についての検討も進めた。二〇一〇年五月にベトナムで行われた第四回会合でADMMプラスの立ち上げについての詳細が明文化され、同年一〇月のADMMプラスの初回会合開催に至った。域外国として招待されたのは、日本、中国、韓国、インド、豪州、ニュージーランド、米国、ロシアの八カ国で。結果、ASEAN諸国と合わせて合計一八カ国による、アジア太平洋地域の初の国防相間公式枠組みとなった。

ADMMプラス立ち上げにおいてASEANが特に留意したのは、その前身とも言えるARFの活動が、会議ばかりで具体的な協力活動に結びつかない「トークショップ」だと批判されてきたことだった。新たな「トークショップ」になるのを避けることもあり、ADMMプラス閣僚会議の開催は当初三年に一度とされ(二〇一三年以降は、二年に一度)、非伝統的安全保障における具体的なテーマ五分野(「海上安全保障」「防衛医学」「平和維持活動」「テロ対策」「人道支援・災害救援」)での協力を推進するための専門家会合(EWG)が即座に設立された(その後「人道的地雷処理」と「サイバーセキュリティー」分野が追加)。この専門家会合には、それぞれASEAN加盟国と非ASEAN国が共同議長となることが定められ、例えば日本はシンガポールと共に「防衛医学」、米国はインドネシアと共に「テロ対策」の共同議長となった。具体的な協力活動としては、人道支援・災害救援と防衛医学の合同野外訓練(二〇一三年)、海上安全保障とテロ対策の共同訓練(二〇一六年五月)、平和維持活動と人道的地雷処理の合同訓練(二〇一七年六月)などが、加盟一八カ国の軍隊・国防組織の参加で実施され、これまで着実に実績を上げている[30]。

◆ここでも早期に提案していた日本

ADMMプラス創設において、日本政府はASEANのリーダーシップを全面的に支持し、立ち上げ後は前述のように専門家会合の共同議長になるなど積極的に参加してきた[31]。第一回会合に参加した安住淳防衛副大臣は、ADMMプラスがアジア太平洋地域で主要な役割を果たしていくべきであり、日本は「プラス国」の主要メンバーとしてASEANの取り組みを今後も支持すると述べ、地域協力推進におけるASEANの指導的立場を強調している[32]。

このように日本がADMMプラスへの参加を肯定的に捉えた理由は、この問題に詳しい神保謙によると、ADMMプラスが以下の三つの戦略的機会を提供するとの期待があったからである[33]。第一は、アジア・太平洋地域における、ルール・原則に基づき、排他的でない安全保障協力を促進するプラットフォームとしての機会。第二に、これまで進まなかった日本とASEANの安全保障協力を実現する機会。そして第三に、日本と中国の国防大臣が定期的に会うことが出来る唯一の場所として、さらに、自衛隊と中国人民解放軍が共同訓練を実際に出来る場所として、日本の対中軍事外交にとって貴重な機会。ADMMプラス参加によって、これらの三つの戦略的機会を得ることが出来るという判断であった。

加えて、日本がかなり以前から、国防関係者による多国間対話の枠組み作りに関心を持っていたことも重要である。例えば、防衛省管轄にある防衛研究所は、ARF参加国の防衛当局幹部が参加する国際会議「東京ディフェンスフォーラム」を、一九九六年から毎年開催している。さらに、前述の英国シンクタンク主催の「IISS安全保障会議」の発足会合(二〇〇二年)での演説で、中谷元防衛庁長官が「アジア太平洋国防大臣級会合」を定期的に開催することを提案している[34]。この提案に対する参加国の反応がその時点では冷淡だったため、日本政府は「様子見」の姿勢をとったのだが、こういった早い時期での関心が後のASEANのADMMプラス提案に対する日本の積極支持と繋がった。

◆多国間枠組みのメリットを明確に認識した米国

日本と同様に、米国もADMMプラス創設におけるASEANのリーダーシップを歓迎し、「テロ対策」専門家会合の共同議長になるなど積極的に参加している。実際、二〇一〇年五月のADMM会合でADMMプラスの立ち上げがASEAN内で了承されると、その翌月にはロバート・ゲーツ国防長官が米国の参加を公式に表明。さらに、ADMMプラス発足会議ではASEANのADMMプラス創設における指導力を賛辞し、この新しい多国間対話・協力を通じて共通の行動ルールを作りお互いの透明性を高めるべきだと述べている[35]。

このような前向きな対応には、米国の安全保障政策担当者達が、ADMMプラスに以下の四つの価値を見出していたからである[36]。第一に、各国の防衛当局に特化したADMMプラスは、米国防省がアジア・太平洋諸国の防衛当局と、閣僚レベルから政策、戦術レベルに至る様々なレベルで関係を築くことを可能にし、米国が地域で危機対応する際の基盤的枠組みとなる。第二に、ADMMプラスは非ASEAN諸国の中で影響力の高い国すべてをメンバーに含むので、アジア地域のほぼ全ての重要なプレーヤーが一同に会して共通の問題にとり組むことが出来る。第三に、ADMMプラスの会合の機会を利用して、参加国との二国間・三国間協議や特別グループ協議をすることが可能であり、これは米国の安全保障外交にとって効率が高いシステムである。第四に、米太平洋軍にとってADMMプラスは参加国のそれぞれの軍隊についての知識を得るという点で、これまでに無い機会を提供する。

これらの四つの利点は、ADMMプラスの具体的機能に関するものだが、同時に、ADMMプラス構想が提案されたタイミングも、米国の前向きな対応を理解するうえで重要である。先に触れたように、ARF設立以降の九〇年代後半から二〇〇〇年代前半にかけて、アジア地域の多国間枠組みが続々と創設されたのだが、それらの中で主要とされているASEAN＋3と東アジア首脳会議（EAS）のどちらもが、米国を含まない枠組みだった。特に、東アジア諸国のトップレベルでの初の定期的会合として、EASが二〇〇五年に発足すると（ASEAN、日米韓、にインド、豪州、ニュージーランドが参加）、これらの米国抜きのアジア多国間組織が、アジアにおける米国の中心的立場を弱めることになるという懸念が米政府内で強まった[37]。このような状況下で、米国の参加を前提としたADMMプラス立ち上げは、米外交担当者達にとって、アジアへの米国の関与と存在を改めて示すことが出来る「渡りに船」の機会だったと言える。また、これに関連して、ADMMプラス発足と同時期に、米政府はEASへの参加意思を表明している（翌年に正式参加）。その意味で、ADMMプラスは、米国が、アジア多国間枠組みに参加することの意義を、以前に比べてより明確に認識するようになったことを具体化するケースと言える。

おわりに

以上、アジアにおける安全保障の多国間枠組み作りに対する日米の政策行動を見てきたが、三つの事例を通じての比較で、両国間の相違点が明確になったと思う。まず、日本はそれぞれの事例で、他国に先立って新しい多国間枠組みのアイデアを公式提案し、その実現に向けての外交努力を地道に進めるなど、多国間枠組みに対して前向きで積極的な行動をとってきた。一方の米国は、独自の提案を出すことはなく、全般的に消極的で受け身の対応だった。特にARFのケースで見られたように、九〇年代から二〇〇〇年代初期までは多国間枠組みに対する懐疑的な見方が強く、それが政権交代をきっかけに多国間枠組みのメリットを認識して肯定的な見方に変化するというパターンが見られた。

こういった相違の背景には、日本の外交政策者達が多国間枠組み作りのオプションをアジア全体の地域秩序作り（彼らの「重層的秩序」構想に基づく）の文脈で認識していたのに対して、米国の政策担当者達は、その時々にアジアから出てくる個々の提案として受けとめ「対応すべきか、無視するか」という狭い政策選択として認識する傾向が強かったことがある。そしてそこに、政権交代の際に行われる主要政策レビューによって、多国間枠組みのオプションがアジア政策全体の観点で見直される（結果、肯定される）というプロセスが、定期的に加わったのである。さらに、多国間枠組み自体が災害援助や海賊問題といった非伝統的な安全保障問題対策に、より適するという点も、日米間の対応の差となっている。伝統的安全保障分野での行動に憲法上の制約がある日本は、非伝統的な安全保障分野での貢献することに大きな関心を持つのに対して、アジア太平洋地域に一〇万人近くを駐留する米国にとっては、伝統的安全保障問題が常に最優先で、非伝統安全保障問題は二の次の存在となってしまうからである。

同時に、日米のアプローチには共通点も観察された。まず自明のことだが、日米両国とも「多国間枠組みが、二国間の同盟・安全保障協力にネガティブな影響を与える」という冷戦時代の考え方から脱却した。つまり「多国間枠組みは、地域安全保障環境の改善に貢献し、二国間安全保障システムを補完する」という考え方になったのだが、これは第一項で触れた、国際関係理論上で広く共有されている多国間枠組みに対する肯定的理解に、両国がようやく追いついたとも言える(米国の方が、日本よりも時間がかかったが)。同時に、アジア安全保障秩序維持において、二国間同盟・制度の揺るぎない優位性を前提としているのも、日米間の共通点である。また、九〇年代半ばから二〇一〇年代のプロセスを通じて、「アジアの多国間枠組み作りには、ASEANの支持と指導力が(少なくとも当面の間は)決定的である」と受け入れるに至ったことも、両国の政策関係者の間で共通している。

従って、全体的に見ると、九〇年代から二〇〇〇年代前半にかけては日米間の対応の違いの方が顕著だったが、二〇〇〇年代後半から二〇一〇年にかけては米国の考え方が発展したことによって、両国の立場がかなり一致してきたと言える。これが意味することは、この分野で日米が政策協調や外交協力をする機会が広がったということである。例えば、既存の枠組みの強化や拡大のための政策協調や新しい枠組み作りの提案といった面での協力である。またこの流れで言うならば、多国間安全保障協定が存在しない北東アジアでの多国間枠組み作りが日米協力の対象になることも、将来的に一つの可能性として考えられる。しかしここで問題となるのは、二〇一七年のドナルド・トランプ政権誕生を受けて、米国のアジア多国間枠組みに対する政策がどのような方向に向かうのかという点である。本稿執筆の時点ではトランプ政権のアジア戦略は発表されていないが、もしトランプ政権が、アジア多国間安全保障枠組みに対して以前のような懐疑的・消極的な姿勢をとることになるならば、この分野での日米の立場の相違が再び顕著になるだろう。そして、ADMMプラス設立で新たな弾みがついたと言える、アジアでの多国間安全保障枠組み構築のモメンタムも、残念ながら失われるだろう。

註

1——阪田恭代、「アイゼンハワー政権の西太平洋集団安全保障構想と米韓関係：一九六〇年代の「アジア太平洋同盟」への布石」法學研究：法律・政治・社会（二〇一〇年一二月）四四六頁。John Foster Dulles, "Security in the Pacific," *Foreign Affairs* (January 1952).

2——Leszek Buszynski, "SEATO: Why It Survived until 1977 and Why It was Abolished," *Journal of Southeast Asian Studies*, vol.12, no.2 (September 1981), pp. 287-96.

3——James A. Baker, III, "America in Asia: Emerging Architecture for a Pacific Community," *Foreign Affairs* vol. 70, no. 5 (1991/1992), pp. 1-18.

4——例えば、Robert O, Keohane, Lisa L. Martin, "The Promise of Institutionalist Theory," *International Security*, vol.20, no.1 (Summer 1995) pp. 39-51.

5——コンストラクティビストの多国間主義の見方については、例えば、John G. Ruggie, *Constructing the World Polity: Essays on International Institutionalization*, (New York: Routledge, 1998).

6——例えば、Aaron Friedberg, "Ripe for Rivalry: Prospects for Peace in a Multipolar Asia," *International Security*, vol.18, no.3 (Winter 1993) pp. 5-33.

7——ＡＲＦ設立時の情報は、ＡＳＥＡＮオフィシャルサイト（http://aseanregionalforum.asean.org/）より。

8——ＡＲＦ設立に関わるＡＳＥＡＮの役割については、Michael Leifer, *The ASEAN Regional Forum: Extending ASEAN's Model of Regional Security, Adelphi Paper 302* (London: International Institute of Strategic Studies) を参照。

9——Taro Nakayama, "Statement by His Excellency Dr. Taro Nakayama, Ministry of Foreign Affairs of Japan to the General Session of the ASEAN Post Ministerial Conference, Kuala Lumpur, July 22, 1991," 山影進編、「ＡＳＥＡＮ資料集成　１９６７－１９９６（ＣＤ－ＲＯＭ）」国際問題研究所、一九九七年。

10——「重層的システム」概念に関しては、Kuniko Ashizawa, "Japan's Approach toward Asian Regional Security: From 'Hub-and-Spoke Bilateralism' to 'Multi-tired'," *The Pacific Review*, vol. 16, no.3 (2003), pp. 361-382 を参照。

11——Kuniko Ashizawa, *Japan, the US, and Regional Institution-Building in the New Asia: When Identity Matters*, (Palgrave Macmillan, 2013) pp. 141-149.

12——U.S. Department of State, "Remarks of Secretary of State Baker Following the Association of Southeast Asian Nations Post Ministerial Conference, July 24, 1991" *Public Diplomacy Query*.

13——U.S. Department of State, "Winston Lord Assistant Secretary-Designate for East Asian and Pacific Affairs, Statement Before the Senate Foreign Relations Committee, Washington D.C., March 31, 1993," *U.S. Department of State Dispatch*, vol. 4, no. 14 (1993).

14——U.S. Department of State, "USIA Foreign Press Center Briefing on Upcoming ASEAN Meetings in Bangkok by Winston Lord, July 19" *Federal News Service* (July 19, 1994).

15——Ashizawa, *Japan, the US, and Regional Institution-Building*, pp. 81-101.

16——Ibid., pp. 41-46.

17——ＲｅＣＡＡＰの基本情報については、ＲｅＣＡＡＰのオフィシャルサイト (http://www.recaap.org/Home.aspx) 及び、日本外務省ホームページ内、アジア海賊対策地域協力協定 (http://www.mofa.go.jp/mofaj/gaiko/kaiyo/kaizoku_gai.html) を参照。

18——Miha Hribernik, "Multilateral Counter-Piracy Cooperation in Southeast Asia: the Role of Japan," *Pacific Forum CSIS Issues and Insights*, vol. 17, no. 3 (March 2017) pp. 19-20.

19——Miha Hribernik, *Countering Maritime Piracy and Robbery in Southeast Asia: The Role of the ReCAAP Agreement* (European Institure for Asian Studies, 2013).

20——Ibid., p. 21.

21——この会議は二〇〇四年まで継続し、その後、アジア海上保安機関長官級会合に統合され、現在まで続いている。

22——ＲｅＣＡＡＰ設立における日本の関与については、Hribernik, "Multilateral Counter-Piracy Cooperation,"Lindsay Black, *Japan's Maritime Security Strategy: The Japan Coast Guard and Maritime Outlaws* (Palgrave Macmillan, 2014)、外務省、外交青書 (二〇〇二年版) 等を参照。

23——Hribernik, "Multilateral Counter-Piracy Cooperation," p. 24.

24——防衛省防衛研究所、「東アジア戦略概観２００４」国立印刷局、二〇〇四年、三〇〜三二頁。

25——同上、二八頁。

26——同上、一二頁。Jamese Manicom, "Japan's Role in Strengthening Maritime Security in Southeast Asia," *The National Bureau *of Asian Research* (November 2010).

27——豪州も二〇一三年に参加。

28——Ankit Panda, "US Joins Southeast Asia's War on Piracy," *The Diplomat* (October 10, 2014), "US Joins ReCAAP," *World Maritime News* (September 23, 2014).

29——Panda, "US Joins Southeast Asia's." ミハ・フリバニク(ベリシク・メイプルクロフト・シニアコンサルタント)、筆者インタビュー、二〇一七年一二月一四日。

30——ADMMプラス創設と発展に関しては、See Seng Tan, "The ADMM-Plus: Regionalism That Works?" *Asia Policy*, no. 22 (July 2016)を参照。

31——Bhubhindar Singh,"Japan's Perspective of the ASEAN Defence Ministers' Meeting (ADMM)-Plus," *RSIS Policy Brief* (December 2012).

32——防衛省、「拡大アセアン国防相会議(ADMMプラス)副大臣スピーチ」http://www.mod.go.jp/j/press/youjin/2010/10/12_speech.html(二〇一八年一月四日最終確認)。

33——Ken Jimbo, "Anchoring Diversified Security Cooperation in the ADMM-Plus: A Japanese Perspective," *Asia Policy*, no. 22 (July 2016).

34——Ibid., p. 103.

35——US Department of Defense, *Remarks by Secretary Gates at ASEAN Defense Ministers Meetings Plus*, http://archive.defense.gov/transcripts/transcript.aspx?transcriptid=4700(二〇一八年一月五日最終確認)。

36——Kurt Leffler, "The ADMM-Plus and the U.S. Department of Defense: Beyond the "Talk Shop" Paradigm," *Asia Policy*, no. 22 (July 2016), pp. 126-7.

37——Bruce Baughn, "East Asia Summit: Issues for Congress," *CRS Report for Congress* (December 9, 2005), Dick K. Nanto, "East Asian Regional Architecture: New Economic and Security Arrangements and U.S. Policy," *CRS Report for Congress* (January 4, 2008).

第3章 タイの人身取引対策に対する日米の支援

熊谷奈緒子
KUMAGAI Naoko

はじめに

具体的な事例研究の第一例として、本章ではタイの人身取引対策に対して日米が相互補完的な影響を及ぼしていることを提示し、その特徴を分析する。冷戦後、内紛の勃発、経済社会のグローバル化、交通手段の利便性の高まり、情報通信技術の発展による国境を超えた市場の結びつきとともに、多様な形態での国際移民(難民、正規非正規移住労働者など)が増え、国際移住の過程で起こりがちな人身取引の被害も拡大していった。被害の形態は強制労働、性的労働、家庭内強制労働、強制物乞い、偽装結婚などである。また二〇一六年においても人身取引産業は一五〇〇億ドルの一大産業である[1]。

人身取引被害の規模の正式な把握は難しい。人身取引の被害者が通常の市民生活の中にいることもある。まず被害者と移民労働者の区別が難しいからである。アメリカ国務省によれば、毎年八〇万人が国境を超えた人身取引の犠牲となり、二〇一五年時点でも国際労働機関（International Labor Organization：ＩＬＯ）の報告によれば二億三二〇〇万人が移民労働者としてあり、人身取引の温床は広い[2]。また、人身取引被害は被害者が自国で受けることもあり、必ずしも国境を越えない。ＩＬＯの二〇一六年報告によれば、世界の被害者総数はおよそ四〇三〇万人という[3]。人身取引の規模に比べて被害者認知、訴追、処罰の規模ははるかに小さい。各国での、そして国際社会での対策に伴い、徐々にこれらの数は大きくなってきているが、二〇一四年には一万五一人が訴追、四四四三人が処罰され、認定された被害者は四万四四六二人だった[4]。こうした中で、タイは人身取引被害者の送り出し国、中継国、受け入れ国であり、タイ人、近隣諸国の多くの被害者を国内外に抱えてきた。

国際的国内的な対人身取引対策が徐々にとられる中、国際的規範の影響増大や国家間協力も進んだ。一九九〇年代に多様化し深刻化する人身取引問題を「犯罪」そして「人権」問題と捉える国際的理解が確立し、国連でも国際組織犯罪の防止について各機関で会議が開かれてきた。対策として特に国際連合やアメリカ主導での規範確立と対策努力、強化が始まった。二〇〇〇年に国連総会で国際組織犯罪防止条約の補足議定書の一つとしてパレルモ議定書が合意される。パレルモ議定書は人身取引を国際条約の規程として初めて定義し、人身取引の防止、加害者の訴追・処罰、被害者の保護、これらの目的を達成するための国際協力のための規程を定めた。アメリカでは二〇〇〇年に制定された人身取引被害者保護法に基づき、各国の人身取引対策を評価した人身取引報告書が二〇〇一年から国務省から毎年報告されている。その規範的影響は各国の国際社会の中での自国の評判への関心という意識も相まって、大きく、日本そして東南アジア諸国にも及んでいる。

冷戦下、アメリカと日本や東南アジア諸国の間には戦略的関係が主であったが、冷戦後はＡＳＥＡＮ諸国の民主化推進に伴って、人権、民主主義、法の支配といった価値観の共有も広まっていった。これは人身取引対策規範にも言えることである。ただその中で人身取引対策は国々の様々な社会的背景や概念的枠組みの中で理解されていくようになった。アメリカ国務省の年次報告は加害者の捜査・訴追・処罰に重点を置いた刑事司法中心の考えを示している。一方日本やタイはその影響をうけつつも、「人間の安全保障」の規範も反映した形での被害者の保護・自立支援にも比重を置いてきた。

東南アジア全体としては人身取引は、麻薬・不法移民問題への取り組みの関連で比較的早期から扱われてきた。一九九七年にはASEANは麻薬・不法移民などを越境問題として認識した上で採択したASEAN Vision 2020において、「女性子供の取引そのほかの越境犯罪に対処する一致した協力措置の発展を東南アジアにおいて構想する」と合意した。さらにこうした越境犯罪は地域の政治や安全に対する深刻な脅威にまで拡大しうることの認識を一九九八年七月のASEAN外相会議は示し、その後犯罪対策協力の制度化が進む。二〇〇〇年のパレルモ議定書の影響もあり、ASEANサミットは二〇〇四年に「人身取引とりわけ女性および子供の人身取引に対するASEAN宣言」を採択し、犯罪対策の法的強化の必要性のみではなく人間の開発の問題としての重要性の認識を確認した。

日本は一九八〇年代から人身取引被害者の東南アジアの女性に関係する日本国内での事件が報道されたが、対策は遅れた。警察庁が人身取引被害者の統計を取り始めたのは二〇〇一年であった。しかしパレルモ議定書やアメリカ国務省の人身取引報告開始以来、日本も本格的に人身取引問題に取り組むようになった。

また日本は「人間の安全保障」概念への知的政策的コミットとそれを通じた人身取引対策支援を行う。二〇〇五年の国連総会決議で「人間の安全保障」が初めて一つの項目として採り上げられる過程の一つとして、二〇〇三年には日本人の緒方貞子が共著者として主導した『安全保障の今日的課題（Human Security Now）』報告が二〇〇〇年の国連ミレニアム総会に基づいて当時の日本の森喜朗首相が提案し設置支援した人間の安全保障委員会から提出され、人間の安全保障における保護と能力強化の考えが提唱された[5]。人間の安全保障の規範は日本の途上国開発援助に理念にも反映され、開発援助の一環である女性の地位向上、女性の人権改善支援の一環として二〇〇六年から取り組まれた人身取引問題にも取り入られるようになった。日本の政府開発援助の主たる実施機関である国際協力機構（Japan International Cooperation Agency：ＪＩＣＡ）も、従来からの開発における女性の役割に重点を置いた支援政策の文脈で人身取引の女性被害者の保護の取り組みを二〇〇〇年代後半から始めている。

以下ではまず、人身取引問題対策の国際合意としてのパレルモ議定書の内容とその特徴について説明し、それがアメリカの人身取引対策評価基準にもなり相乗効果的に国際的な規範となっていったことを説明する。その後その規範が日本とタイに及ぼした影響。その中で特にタイに対する対人取引問題対策支援の日米双方の役割を分析する。

1　対人取引対策の国際的規範

◆パレルモ議定書、国連

二〇〇三年に発効したパレルモ議定書は、人身取引予防の国際的法的枠組み構築を目指したもので、人身取引行為の犯罪化、加害者の処罰の義務化、人身取引被害者の保護と送還、出入国管理に関する措置の規程を定めることを加盟国に義務付けた。議定書は人身取引を、搾取を目的として、暴力、脅迫、詐欺、脆弱な立場の悪用などの手段を用いて、人を採用、移送、秘匿若しくは収受することと定義した。そもそも人身取引問題対策には基本的には三つの側面（３Ｐ）がある。これらは予防（Prevention）、保護（Protection）、処罰（Prosecution）である。しかしパレルモ議定書は刑事司法に比較的重点を置き、入管、警察の役割を重視している。パレルモ議定書は人身取引を犯罪とすることを義務化する一方で、被害者の保護については「自国の国内法において可能な範囲内で」保護することとし[6]、各国の裁量を認めている。犯罪処罰への重点は、そもそもパレルモ議定書が国際組織犯罪の各国での犯罪化、犯罪人引き渡し手続きの迅速化、捜査、訴追、および司法手続きにおいて最大限の法律上の相互援助を合意した国際組織犯罪防止条約の付属文書であることからも自明である。

こうした刑事司法中心の考え方に対して、被害者の人権をさらに強調した考えが国連人権高等弁務官から二〇〇二年に人権と人身取引に関する原則と指針として出された("Recommended Principles and Guidelines on Human Rights and Human Trafficking")。現在では、保護、訴追、予防の3Pに、処罰(punishment)と国際協力とパートナーシップの促進(promoting international cooperation and partnership)が加わり5Pに、さらには、救済(redress)、回復(recovery)、個々人の被害回復、再統合(reintegration)の3R、能力(capacity)、協力(cooperation)、調整(coordination)の3Cといった視点を国連人権理事会の人身取引特別報告書は強調している[7]。これは問題の悪循環を断ち切るには加害者訴追と処罰のみでなく、被害者が再被害にあったり、加害者に転じないための方策を講じることが必要との認識に基づく[8]。

人身取引が個人の自立性を奪うことであるとすると、再統合は被害者が自立し自分を取り戻し、自分自身の人生を管理すること、その中で健康で生産的な生活を営む社会の構成員となることである。それは家族が住む場所に戻るという意味だけではなく、新たな土地であらたなコミュニティに入ってゆくことも含む[9]。人身取引対策は国連が二〇一五年に設定した持続可能な発展のために二〇三〇年までに達成されるべき一七の目標のうちの三つの目標、ジェンダー平等(目標5)、働きがいと経済成長(目標8)、そして平和と公正をすべての人に(目標16)にも組み込まれている。人身取引の温床と被害の多面性を前提とした予防・保護策の考えが示されている。

◆人身取引被害者保護法と国務省人身取引報告

アメリカ政府は高い道徳的意識とリーダーシップのもと、人身取引対策に取り組み、人身取引報告書にもあるように全世界を対象に人身取引対策を訴えかけてきた。まずアメリカでは議会が二〇〇〇年に人身取引被害者保護法（Trafficking Victims Protection Act：ＴＶＰＡ）を制定し、その施行の一環として翌年二〇〇一年から人身取引報告書を開始した。

人身取引問題へのアメリカの高い関心の背景には、アメリカの奴隷制の反省に基づくアメリカ合衆国憲法修正第一三条の奴隷禁止の伝統も反映している。さらに冷戦後ソ連崩壊で東欧諸国での女性の性的人身取引が増大したこと、女性の人権への国際的関心の高まり、そして人身取引は超党派で支持を得るイシューであったこと、移民国家として国際移民問題への強い関心、一九九〇年代に高まった途上国のスウェットショップでの労働問題への関心もあった。このように人身取引問題はアメリカの様々な問題と関心に時代状況的にもリンクしていた。

国務省の人身取引報告書は、パレルモ議定書の対人取引対策基準に基づいた形で各国評価と提言を行っている。二〇〇一年には八二カ国、二〇一六年には一八八カ国がランク付けされた。これはいわば二国間的警告の意味もある。多国的枠組みである国連はここまで網羅的に国別報告を行っていない。国連で二〇〇四年に設置された人権取引対策のための特別報告者制度では現地の国の人身取引状況調査（Fact Finding）を行うが、これまでにはモロッコ、イタリア、バハマ、マレーシアなどが調査報告対象になっただけである。アメリカの狙いは、人身取引に対する世界の認識を高め、他国の政府に効果的な行動を起こすよう求めることにある。国務省関係者によれば、そもそも何が人身取引かの理解が不十分であることが問題であり、国別報告は二国間的な直接の指摘だが、アメリカ政府は相手国政府から通年意見を受け入れていて一方的なレポートではないという[10]。同報告書は、パレルモ議定書とＴＶＰＡの定める基準に基づき、当初は各国政府の対策等を評価し、三つの階層に格付けしていたが、二〇〇三年のＴＶＰＡ改正の結果、現在では表1のように四段階になっている。国務省報告は3Ｐという三つの柱に加え、二〇〇九年からはPartnershipを加えた4Ｐを柱としている。

アメリカの関心の高さは国務省報告の一七年にわたる継続的調査発表だけでなく、その中で人身取引の問題の把握を常に進化させ、問題改善の方策を提示し続けていることである。子供の兵士問題など新たな問題に注目

表1 米国国務省人身取引報告書の人身取引対策階層分類

第一階層	人身取引保護法の最低基準を完全に満たす。 （最低基準とは以下の4つの規準からなる；1. 人身取引の禁止と罰則化；2. 暴力、脅迫、詐欺を伴う性的人身取引、子供が被害者の性的人身取引、強姦、誘拐、もしくは致死の性的人身取引には性暴力の重罪に匹敵するような厳罰；3. 罰則が抑止力を持ち犯罪の悪質性を反映するような罰則；4. 人身取引を根絶する継続的かつ真剣な努力。
第二階層	人身取引保護法基準は完全には満たさないが努力中。
第二階層 監視リスト	基準は完全には満たさないが努力中。 しかし、人身取引被害者数の顕著な増加。 人身取引対策の努力の前年からの向上、人身取引犯罪の増加に対する捜査、起訴、処罰（conviction）の前年からの改善が見られない。または次年以降の改善努力を約束していない。 人身取引報告書は二〇〇八年のTVPRAに基づき二年連続第二階層監視ランクで二年続き翌年も同レベルであると判断されると翌年は自動的に第三階層に降格する。
第三階層	基準を満たさず努力も不足。当該国が人身取引の送出、中継、到達国であるか。政府役人による人身取引共犯の証拠が減っている。政府の能力と努力に基づいた基準を満たすための方策。 第三階層の国に対しては、人道や貿易以外の対外支援を調整することが大統領によって可能となる。また大統領は多国間開発機構や国際通貨基金における融資において、第三階層諸国への融資決定には拒否の投票をするよう指導することもできる。

出典：国務省人身取引報告書2009に基づき筆者作成

し、それを現代的奴隷という意味での広い定義に基づき、人身取引問題と広く理解している[11]。二〇〇七年に米議会上院は一月一一日を全米人身取引啓発デー（National Human Trafficking Awareness Day）と設定し、オバマ大統領は二〇一〇年から毎年一月を全米奴隷・人身取引予防月間（National Slavery and Human Trafficking Prevention Month）と定めた。

アメリカは刑事司法処置を重視し、その上での被害者中心主義をとる。それは被害者の人権を中心に考えるということである。被害者が被害を受ける経緯で不法行為に関わった罪を不問とする方針、そして明確な犯罪規定・処罰規定の設定、積極的な被害者認知、被害者人権回復のための法執行機関の効率的な組織的手続きなどが対策の要となる[12]。アメリカの刑事司法重視は二〇〇三年のTVPA改正による人身取引被害者保護再授権法(Trafficking Victims Protection Reauthorization Act：TVPRA)成立によっても明確になる。TVPRAでは各国政府が人身取引の捜査、訴追、有罪判決についてのデータを国務省に報告することを要求し、各国が刑事司法の判定基準をよりよく満たせることを目的としている。

アメリカの刑事司法重視の背景には捜査訴追を通じてこそ人身取引を抑制し包括的解決につながるという考えがある[13]。日常に潜み問題であると認識しにくい複雑な人身取引問題に対する問題意識を向上させることは大切で、そのためには事実調査を刑事司法の手続きに則って行い一貫した対処をすることが大切である。確かに世界で数百万いるといわれている被害者の中で、二〇一五年の統計では全世界で七万七八二三人が被害者認知を受け、一万八九三〇人が訴追され、六六〇九人が有罪判決をうけており[14]、加害者訴追処罰を貫徹するにはまだ司法的改善の余地があることは確かである。

アメリカの刑事司法重視の背景には、人身取引問題がアメリカにとって普遍性をもつ人権問題であるとの考えがある。換言すれば、損ねられた自立性の問題ということである。これは後に紹介する日本やタイの「人間の安全保障」の理念にみる、多様な脅威からの人間の保護重視とは異なる。

2 日本への規範的影響と日本の対人身取引対策

日本での人身取引被害が政府レベルで問題化されるのは二〇〇〇年代に入ってからである。警察庁が被害者の統計取り始めたのが二〇〇一年であり、政府が人身売買罪を設定したのは二〇〇五年であった。日本は二〇〇五年六月に人身取引議定書の締結について国会の承認を得たが、その親条約である国際組織犯罪防止条約の国内担保法が長年未整備であり、同議定書を二〇一七年七月まで締結できなかった。日本は、同議定書を締結していない最後のG7参加国であった。

日本では特に東南アジアからの女性が日本で稼げると騙されて来日、その後架空の借金の通告、旅券の没収、監禁暴力の脅しの中、性的労働を強制され搾取されるというケースが一九八〇年から出てきた。警察に逃げても逮捕、強制送還の恐れがあること、加害者からの脅迫、そして言語の壁のために女性はなかなか逃げ出せないという根本的な問題もあった。一九九〇年代にはそうした搾取されていた女性たちが起こした諸事件（例えば監視役を死亡させてしまう事件）の報道を通じて被害者女性の存在は明らかになった。しかし、彼女らは殺人事件における被疑者であるため、人身取引の人権侵害の被害者と認知されず、人身取引自体が大きな社会問題となることはなかった。二〇〇五年以前の刑法では、人身売買自体が罪とされず、その過程での加害者の検挙（恐喝未遂、売春防止法違反、略取誘拐罪など）はあっても刑は軽かった。一方人身取引の被害者の多くは不法入国者又は不法就労者など犯罪者として取り扱われた。人身取引は犯罪組織にとって、人身取引が麻薬や武器の密売に比べ、安全で効率の良い商売とであるゆえに根絶しにくい。警察庁の人身取引統計によれば、検挙件数は毎年四十四件前後で推移しているが、実際の数ははるかに大きいといされている。平成二八年度は四四件の検挙があり、五〇名の被害者が保護された。タイ人被害者は九名、タイ人被疑者は三名である[15]。被害の形態は、売春等の性的搾取が三七人（八〇・四％）で大半を占め、被害者の九五％は女性である[16]。

内閣府の報告によれば警察庁は二〇〇二年から毎年一回、外国捜査機関やNGO等を招へいして、児童の商業的・性的搾取対策について意見交換を行い、東南アジアにおける国外犯に関する捜査協力の拡充・強化を図っている。また二〇〇四年から警察庁はコンタクトポイント会議を開催し、在京大使館、関係省庁、都道府県、NGO、国際移住機関（International Organization for Migration：IOM）等との意見交換・情報交換を行っている。警察庁は国際刑事警察機構（International Climinal Police Organization：ICPO）を通じて、人身取引被害者の送出国の捜査機関との間で活発な情報交換を行い、外国からの要請に応じ、人身取引事案について積極的に捜査共助を実施し、外務省は紛失・盗難旅券情報（旅券番号等）もＩＣＰＯと共有している[17]。二〇〇四年に内閣府が設定した「人身取引対策行動計画」に基づいて、政府協議調査団が人身取引被害の発生状況の把握・分析のために、二〇一六年まで被害者の出身国のべ二二カ国に派遣されて情報収集意見交換を行っている[18]。警察庁と検察庁はそれぞれ潜在的被害者と被害者のための保護・支援情報周知のためのパンフレットを多言語で用意するなどの周知活動を始めた[19]。二〇一四年六月、警察庁、法務省、最高検察庁、厚生労働省及び海上保安庁からなるタスクフォースが設置され、情報共有・連携を図り、人身取引事犯への適用法令、具体的適用例等をまとめた「人身取引取締りマニュアル」が作成され、警察、入国管理局、検察、労働基準監督署及び海上保安庁において活用されている[20]。

法整備としては、日本は二〇〇五年の刑法改正で人身売買罪が成立し、買い受け、売り双方が処罰されるようになった。同年、入管難民法と刑事訴訟法も改正され、被害者の上陸特別許可、在留特別許可が認められ、また加害者の処罰訴追が促進された。

こうした積極的な法整備と施行の動きにはアメリカの影響があるといえる。二〇〇一年の国務省の人身取引報告開始以来日本は第二階層にとどまっている。二〇〇四年に第二階層監視リスト枠が新設されると第二階層より下の第二階層監視リストに分類され、二〇〇五年には第二階層に上がったが二〇一七年時点においてもその階層が続く。Ｇ７の中で日本だけが第一階層に一度も入ったことがない。二〇〇四年の国務省人身取引報告書は、日本での暴力団による組織的かつ国際的な人身取引への関与、その過程で人身取引のカモフラージュに使用されがちな興行ビザが二〇〇三年にはフィリピンだけで五万五〇〇〇件も発行されたこと、そうした犯罪組織の権力者への訴追、処罰の甘さなどへの批判も含めて被害実態を「性的奴隷制（sexual slavery）」と厳しく表現している[21]。

国務省の報告書が発表される以前から日本は国際社会の様々な場で人身取引問題への不十分な対策、取り組みについての指摘、批判を受け続けてきたが取り組みは消極的であった。一九九四年の国連女子差別撤廃委員会の最終見解で、日本は女性に対する性的搾取が真剣に取り組まれていないことが指摘され、移民女性の売買について効果的対策措置をとることを勧告されていた。一九九八年一一月には国連自由権規約委員会の最終見解が、そして二〇〇〇年には国際的人権NGOのHuman Rights Watchが、日本が加害者の処罰の法整備が不十分であること、人身取引に特化した政策が政府になく、また警察の問題への関心の低さなどを既に指摘していた。

アメリカの影響としては、技能実習制度問題への取り組みも挙げられる。日本政府の技能実習制度が強制労働を生み、人身売買にあたるという制度批判と改善勧告が、アメリカの人身取引報告書で二〇〇七年以降毎年指摘されている。この実習制度は本来、外国人労働者の基本的な専門的技能を育成することを目的としていたが、事実上の臨時労働者雇用事業となっており、「実習」期間中、本来の目的である技能の教授や育成がなされない仕事に実習生は従事させられ、ときには強制労働の状態に置かれている者もいたということである。また大半が中国人およびヴェトナム人である実習生の中には不当な契約で雇用され、送り出し機関による過剰な手数料、保証金、罰金を課され、時に職を得るために最高で一万ドルを支払い、実習を切り上げる場合には、数千ドル相当の没収を義務付ける契約のもとにあるという。時には技能実習生のパスポートやその他の身分証明書を取り上げ、技能実習生の移動を制限する雇用主もいるという[22]。

こうした指摘を背景に日本政府は二〇一〇年施行の改正入国管理法により「技能実習」という在留資格枠を創設した。それにより例えば団体監理型の受け入れの場合、受け入れの監理団体（商工会、中小企業団体、農業協同組合など）の責任と労働関係法令適用が入国後最初の一年の研修期間だけではなく入国から帰国までの三年間、研修期間一年と技能実習期間二年がカバーされるなどの改善措置をとっている。二〇一五年の国務省人身取引報告が評価した保護法律の国会への提出は、結果として二〇一六年一一月二八日に「外国人の技能実習の適正な実施及び技能実習生の保護に関する法律」として公布された。同日、強制労働の加害者を処罰する能力を有する第三者管理・監督機関であり、被害者の救済を行う外国人技能実習機構が成立した。

確かに実習生制度の改善には実際的な動機もある。政府の成長戦略[23]の一環として多様な価値観や技術を持つ外国人人材が日本で能力を発揮し、日本の成長の担い手となるための技能実習制度の拡充における、管理監督体制の強化とも位置づけられている。

しかし人身取引問題におけるアメリカの日本への規範的影響の大きさは否めない。日本がＩＬＯの基本労働条約の一つである「強制労働の廃止」(一〇五号)を一九五九年採択以来批准していないこと(G7の唯一の未批准国である)に対して、国際社会や国内のＮＧＯから長年にわたる批判を受け続けている経緯と比較すると、国務省の報告書で二〇〇七年から指摘された技能実習制度への問題対策取り組みは比較的迅速であったといえる。

日本の近年の積極的な取り組みの背景には二〇二〇年東京オリンピックへの準備もある。内閣府による「行動計画」は、二〇〇九年に引き続く二〇一四年の再改定で二〇二〇年オリンピック・パラリンピック東京大会に向けて「世界一安全な国、日本」を創り上げるという目的を提示する[24]。二〇一四年再改定では官房長官を議長とした関係閣僚からなる「人身取引対策推進会議」が設置され、日本政府は複雑化巧妙化しつつある人身取引の情勢の把握、施策、成果の改善のために、施策の実施状況や人身取引事犯の取締状況等を含めた日本政府の人身取引への取組の年次報告を作成することを決定した[25]。

3　タイへの規範的影響、タイ政府の対策

タイ政府は人身取引問題において被害者の保護を強調してきた。これは自国民が人身取引の被害者となるケースが従来から多く、その対応が求められてきたことが挙げられる。それゆえに被害者当事者の事情が人身取引対

策において反映されてきた。これらを支える理念として「人間の安全保障」がある。以下ではまずタイの国としての人身取引の問題とその経緯、そして対策を見てゆく。

タイでは国内で深刻な人身取引問題を抱え、それゆえに問題への意識も比較的早くから高かった。一九八四年プーケットでの火災で鎖につながれて鉄格子の部屋に監禁されたまま焼死した少女たち（タイ北部出身で性的搾取の対象となっていたことがNGO調査により判明）の被害、そして人身取引加害の告発と加害者の長期の実刑が全国的に報道され、人身取引問題へのタイ社会での問題意識が高まる[26]。その結果、タイ政府は一九八〇年代に予防策として潜在的被害者の能力向上のため教育の機会拡充や職業訓練、啓発キャンペーンなどを実施した。この結果タイ国籍をもつ農村の少女や女性の性的搾取の人身売買の被害は激減した。しかし一九九〇年代にはタイ国内で国籍を得られない山岳民族の女性や外国人の人身取引が問題となった。一九九一年、タイ南部のラノン県の売春宿で性的搾取と強制労働をさせられていた一五〇人のビルマ人女性が救出されたことが報じられるとタイ政府はさらに積極的に人身取引対策に乗り出し、その過程ではNGOが被害者保護・支援経験を蓄積し、政府と協働してゆく[27]。一九九七年には人身取引と売春の関係に着目してタイ政府が、一九六〇年制定の売春防止・禁止法を改正し、関連加害者の重罰化を定めた刑法も改正し、「子どもと女性の人身売買禁止法」制定で人身取引自体を禁止した。

タイには対人取引誘発となる特有の社会的背景がある。その一つは農村の貧困と引き続く出稼ぎの慣習である。タイの伝統的価値観では男子は仏門に入り、女子は稼いで親孝行をするという考えがある。よって女性の出稼ぎ労働は奨励される。ただその中で人身取引の被害も増える。

さらに近年のタイでの特徴としては、性的搾取の被害のみではなく、水産業、建設業、農業における近隣諸国出身者の強制労働の被害が増えている。一つには二〇二八年までの経済共同体完成目標を含む二〇一五年末のASEAN経済共同体形成に伴う人の移動の増加の負の効果である。ASEAN共同体では高技能労働者の移動の自由化が促進されている一方、低技能労働者の移動が増加している。低技能労働者は労働需給情勢によって雇用が不安定であり、受入国において定住は奨励されておらず、ASEANレベルでは低技能労働者の保護は後ろ手に回っている。

こうした中、人身取引は国家安全保障や国益の問題として理解され、国境管理維持、人権よりも安い労働力の確保を優先として扱われてきたとの指摘があった[28]。国家としての人身取引対策には法的改良の側面のみでなく、人身取引を誘発する構造的暴力と搾取的構造への対策が取られていないとの指摘もある[29]。二〇〇〇年代になってもタイの山岳民族の国内外での被害も続き、さらには特に子供の性的搾取の被害が二〇一二年ごろから確認されている[30]。

被害認定は数の膨大さそして被害の性質ゆえに難しい。タイでは二百万－三百万人の外国人労働者がいる現状において、毎年約三十万人の不法就労者が入国するという[31]。その中で強制労働での人身取引被害の増大があり、被害認定はより難しく、カンボジアやラオスなどへ強制送還された者が実は人身取引被害者である場合もある。また性的搾取の形での人身取引被害にあった女性は被害認定を避けるケースもある。故郷に戻った後、偏見によって故郷にいられなくなったり、また故郷に自分を騙したブローカーがまだ存在していて帰ることを恐れたり、性的搾取を受けたゆえの偏見を恐れるからである。被害認定を避けるために告訴も忌避する。

タイはその被害の規模と重大性への刑事司法的対処の不十分性によって、国務省人身取引報告においては低評価を受けてきた。タイは二〇〇一年から二〇〇三年、二〇〇五年から二〇〇九年は第二階層であったが、二〇〇四年と二〇一〇年から二〇一三年にかけて第二階層監視ランクに下げられ、二〇一四年、二〇一五年には最下位の第三階層に落ちた。二〇一六年には第二階層監視ランクに上がった。

国務省の人身取引報告書に政治的配慮があると指摘する論者もいる。タイが二〇一四年に第三階層に落ちたのは遅すぎて、しかも落ちたのは同年五月のタイの軍事クーデターへの米国政府の批判の表れであるという[32]。

確かに人身取引報告書は二〇〇八年のＴＶＰＲＡに基づき、二年連続第二階層監視ランクとなった場合、そのランクは自動的に第三階層へ下げるとしているが、タイは二〇一二、二〇一三年に第三階層にならなかった。タイは冷戦期間アメリカの戦略的に重要な防共の地であり、密接な軍事、法執行能力強化協力を行ってきた。二〇一三年にタイの政府軍関係者によるロヒンギャ労働移民の人身取引関与についてのピューリッツァー賞受賞のロイター報道[33]にもかかわらず、タイは第三階層に落とされなかった。二〇一五年の人身取引報告の政治的配慮としてマレーシアとキューバの階層格上げも指摘されている[34]。それぞれマレーシアの環太平洋経済連携協定（Trance-Pacific Partnership：ＴＰＰ）交渉へのマレーシアの参加[35]とアメリカのキューバとの外交関係再開のためとのことである。ただアメリカはタイの軍事クーデターに対して、毎年タイ軍と米軍の主催で行われる東南アジア最大級の多国間合同軍事演習コブラゴールドの二〇一五年からの規模の縮小化、軍事支援の削減でより直接的に抗議の意を示している。それが地域におけるアメリカのライバルである中国のタイへの経済的軍事的関与の高まりを招くものであったとしてもである。また二〇一〇、二〇一一年に引き続き二〇一二年、二〇一三年も第二階層監視国となり第三階層に降格しなかったのは、最低基準遵守のための強力な努力についての書面での計画がある場合に免除されるルールが適用されたからである[36]。その書面の計画書は二〇一五年から開始されたタイ政府の人身取引年対策次報告書の一部にもなっている。二〇一四年には第三階層に降格しているが、これは免除が二回までしか適用されないからである。人身取引報告への政治的考慮の影響は存在していたとしても、タイの人身取引対策の現状と評価をかけ離れたものにしているとはいえない。

タイへの低い評価には、人身取引の規模の大きさの他に以下の要因がある。被害者認定の不備、被害者への不適切な聞き取り（加害者の可能性のある業者や雇用者のいる前で被害者に聞き取りをするなど）、不法就労者の摘発の中で人身取引被害者が一緒に逮捕される、結果として強制送還される不法な労働者の中に被害者がいる、ＮＧＯが被害者認知するための金銭的支援の不足、加害者訴追など司法手続きにおける被害者支援（通訳、金銭的支援）が不十分なこと、加害者と警察との癒着の問題、移住労働政策における人身取引に関する脆弱性などである[37]。このように国務省報告の評価は捜査、訴追の着実な実行に即した被害者保護という文脈で理解されている。

国務省報告書が刑事司法を通じての救済に比較的注目する理由の一つとしては、アメリカの人身取引報告書は一貫して政府の対策のみを評価し、NGOの対策をその評価にいれていないことがある。人身取引被害者のカウンセリングや社会復帰はNGOによって担われることが多く、司法手続きは政府によってのみ担われる。

アメリカの厳しい評価もあり、タイ政府は二〇〇〇年代に積極的に改善策をとっている。タイ政府は二〇〇三年には「女性と子どもに関する国内外での人身取引予防、防止、対策国家政策及び計画」を策定し、また人身取引対策の二国間協定をカンボジアと結んだ。また安全な労働移動に関する覚書を近隣諸国（カンボジア、ラオス、ミャンマー）とそれぞれ二〇〇三年、二〇〇五年、二〇〇九年に結ぶ。二〇〇四年には「メコン地域における人身取引対策協力に関する覚書」に基づいて多国間協力として人身取引対策に関するメコン地域閣僚イニシアティブ（Coordinated Mekong Ministerial Initiative Aginst Trafficking：COMMIT）が発足しタイ、中国、ミャンマー、カンボジア、ヴェトナム、ラオスとの協力が始まる。一連の努力は覚書においては、パレルモ議定書の人身取引の定義の促進、加害者取り締まり・処罰、司法手続きのための適切な法律の制定と執行、国境間協力の強化等を規定しており、地域として国際的合意であるパレルモ議定書の浸透を図る努力がなされている[38]。COMMITでは国連機関合同プロジェクト（United Nations Inter-Agency Project on Human Trafficking：UNIAP）が各国の人身取引対策関係省庁のタスクフォースを束ねる事務局を担当しており地域的国際協力が制度化された。ただ、このメコン地域の協力は安全保障、非正規移民への懸念に重点を置き、被害者認定と被害者の人権保護は未だ難しい課題となっている。二〇一六年七月には、タイはメコン流域を超えたASEAN全体の人身取引対策法規範である二〇一五年ASEAN人身取引協定に批准した。アメリカの人身取引報告開始以降、人身取引はASEANの中でも首脳外相級会合のアジェンダとなったと考えられているという[39]。

二〇〇四年六月の国務省報告で第二階層監視国リストに評価が落ちると、タクシン政権はタイ政府としては迅速に対応し、八月に人身取引対策への取り組みを宣言した。タイ政府は二〇〇八年に人身取引法を制定し、警察機能を強化し、検察庁と裁判所に人身取引対策専門の部署を設置して取り締まりと処罰の強化に乗り出した。この法の下で二つの国家委員会が設置され、一つは首相が委員長を務める人身取引禁止委員会で人身取引対策の提言を内閣に行い、もう一つは副首相が委員長を務める人身取引対策調整監視委員会で、各種対策、法の執行を監視し、外国政府や国際機関とも協力する。二〇一五年の改正では通報者の保護を強化し、犯罪者の罰金と懲罰を厳格化した。二〇一七年の改正では、強制労働の中に身分証明書を取り上げることや債務奴隷を追加した。

二〇〇八年の法制定を記念してタイ政府は、六月五日を「国家反人身取引デー」に定めた。また二〇〇三年に設置された「社会開発・人間の安全保障省」の下に人身取引対策部が設置され、関係省庁との調整、取り組みの中枢となっている。二〇一〇年九月二〇日には、タイ首相官邸においてアピシット首相の出席のもと、「人身取引予防と対策に取り組むとの決意宣言」のイベントが開催され、タイの人身取引対策への強い政治的リーダーシップを示した。二〇一四年五月のクーデター後の軍事政権はより一層人身取引対策に力をいれ、人身取引ゼロ・トレランスを国策として宣言した。タイ政府は自身の人身取引対策報告書の発表を二〇一五年から開始した。毎年報告発表時には国内外のメディアを集めて記者会見を開いている。このようにタイでは政権を問わず国をあげての努力強化がされている。社会開発・人間の安全保障省の担当者も訴追・処罰がなければ犯罪は繰り返されるという構造的問題、人身取引にかかわることがハイリスクでノーリターンであることを周知せしめる必要性、そして問題が国境を超える性質であるゆえに、人身取引対策における刑事司法の重要性を認識している[40]。

タイでは国務省の規範的影響のみでなく、米国国際開発庁（United States Agency for International Development：USAID）を通じての司法強化の技術支援が人身取引対策を向上させた。USAIDは国務省の人身取引報告書と同様四つのP（予防、保護、訴追、パートナーシップ）に基づいて広くアジア、ユーラシア、ヨーロッパなどで活動してきた。USAIDは人身取引を非常に重くみて、二〇〇一年から二〇一〇年の間に一億六三〇〇万ドルを六八カ国の人身取引対策に支援している[41]。冷戦終結とクリントン政権下での行政改革の結果、組織的に縮小したUSAIDは、NGOとの契約を通じた援助を行うことも多くなったが、その活動もやはり人身取引犯罪者の訴追を重視している。被害者の人権問題は、司法を通じて解決するという姿勢である。

例えばUSAIDと契約したアジア財団は二〇〇一年からタイで人身取引対策活動を行い、二〇〇五年にはいわゆるチェンマイモデルを確立した。これは被害者の権利保護をしつつ、加害者の訴追へ被害者が自信と安心感をもって参加(例えば法廷で証言するなど)できるようにすることを目的とし、その過程として被害者の必要とする医療福祉や社会法的サービスの提供を行う。この包括的政策のためにアジア財団は、NGO、通訳、ソーシャルワーカー、医療関係者など多分野にわたるタイ人のチームを結成し、チームの協調性、継続性、効果的な機能のための支援、助言、資金援助を行う。

これは後に他のタイ内外のNGOや社会開発人間の安全保障省にも採用された[42]。訴追重視は被害者にも被疑者にも公平であり、司法を超えた大きな枠組みでの予防政策も大事だが、人身取引の背景、原因、問題展開の複雑性に鑑みると確実な予防は難しい。司法では確たる証拠をもって被疑者を裁くことができる。一人の被疑者に対し一〇〇人の被害者がいれば、一〇〇人の被害者を救い、その被疑者により将来犠牲者が生じることを確実に防ぐことができる[43]。ゆえに司法解決を向上すべく、アジア財団は人権とジェンダーの教育をもって被害者の意識向上、女性による被害者女性への偏見も含めた社会スティグマへの恐れをなくし、社会スティグマ自体の弱体化を目指す。

司法取り組み強化のために、タイはオーストラリアからも処罰、司法強化のための支援を受けている。オーストラリア政府はパレルモ議定書批准に向けた自国の反人身取引法制度整備の一環として、自国のほとんどの被害者の送り出し国であるタイをはじめとする東南アジア諸国との間の協力を必要としていた[44]。オーストラリアは二〇〇三年から警察機関の犯罪捜査部門能力向上や刑事司法機関の司法対応能力開発、法的枠組み整備支援、刑事司法分野における国際ネットワーク構築支援などを、タイを含めた東南アジア諸国におこなってきた。こうした行動の結果、タイ政府の人身取引被害者のための訴追部門と法廷の設置と機能向上（例えば被疑者の保釈の厳格化、そして被疑者が逃亡して法廷欠席しても証人喚問を実行できる、TV会議での証人喚問など）がなされた。その過程で対人身取引対策のための警察、検察官、裁判官、労働監督、ソーシャルワーカー、海軍に対する訓練の強化、経営者による従業員の対人身取引問題教育の義務化、潜在的被害者が人身取引法での保護と予防を理解するための五カ国語での人身取引情報シート作成、そしてシェルターの状況の改善などがなされた。こうしたアメリカやオーストラリアのNGO支援の結果としての刑事司法政策改善もあり、タイは二〇一六年に第三階層から第二階層監視ランクに復帰した[45]。

タイ政府の努力が国務省報告を意識していることは、二〇一四年と二〇一六年のタイ政府の報告書が、アメリカ国務省人身取引報告書に反応していることからもうかがえる。タイの報告書は国務省から提唱された改善策についてどのような司法改善策がされているかについて項目ごと（政府役人の腐敗、共犯の摘発訴追処罰、水産・水産加工業業者への査察、取り締まり強化、マネーロンダリングなど関連法規執行の厳格化、移住労働・難民など社会的に脆弱なグループにおける被害者認知の促進、起訴・訴追の迅速化、被害者が司法手続きをとるよう動機づける措置など）に説明する。二〇一五年に設定された九つの政策目標のうちの六つが司法強化に関連するものであった[46]。タイの人身取引問題についての外国メディア報道への規制について国務省が示した懸念についても、タイでは報道の自由は法の維持、公共の安全、文化の多様性とのバランスの下、保障されていることを説明している[47]。

タイ政府の熱心な取り組みや報告の背景には、タイはメコン地域での対人身取引対策のいわば先進国であるにもかかわらず、刑事司法制度に実行が伴わず、被害者保護支援がより不十分なミャンマーやカンボジアなどの周辺国の方が国務省評価が高いことへの対抗意識もあるとおもわれる。例えば二〇一五年の報告書ではタイが第三階層である一方、タイより人身取引対策の訓練も遅れ、タイから人身取引対策の支援を受けているビルマやカンボジアは第二階層監視国、ヴェトナムは第二階層であった。国務省の人身取引報告書の影響についての研究によれば、数値で示された情報が社会的圧力として対象国の政策変更に影響を与えるという結論がでている[48]。

タイ政府の対策の大きな動機としては、外的要因のストレートな反映だけでなく、国内要因に媒介された側面もある。特に二〇〇〇年代初頭からタイ政府が持つ人間の安全保障の理念の影響である。「社会開発・人間の安全保障省」はタイの人身取引対策はアメリカの報告書にこたえるのではなく、そもそもタイ社会で尊重されてきた人間尊厳のためのもので、その過程でアメリカと協力しているという[49]。タイ政府は、カナダ、ノルウェー政府が一九九九年に設置した「人間の安全保障ネットワーク(Human Security Network)」、そして日本の呼び掛けで二〇〇一年に設置された「人間の安全保障委員会(Commission on Human Security)」双方に参加し積極的に貢献している。後者ではタイの人間の安全保障確立に貢献してきたピツワン外相が理事となっている。タイは一九九七年のアジア金融危機の経験からセーフティネットのための社会インフラを重要視するようになっていた。

人間の安全保障の理念に対しては、先進国からの内政干渉への警戒感もあり、途上国の支持は弱い。アジアでは例えばインドネシアやマレーシアが人間への脅威を中心とした非軍事的脅威に対する安全保障も、国家中心で脅威へ対抗する力の育成、国内結束と安定をはかるといった考えを中心としており、人間の安全保障は完全には受け入れられなかった[50]。しかしタイは植民地の経験や国を二分するような民族対立がなかったこともあってか(北部の山岳民族や南部のムスリム少数民族問題はあるが)、そうした警戒は見られなかった。タイの治安維持関係の政府関係者は人間の安全保障なくして国家保障は提供できないと考えている[51]。

タイでの人間の安全保障の理解には社会福祉の意義が大きい。二〇〇三年に行政改革の一環として設置された社会開発・人間の安全保障省は改革前の内務省の公共福祉課の役目を引き継いでおり、この省内に人身取引対策のハブとしての人身取引対策部がある[52]。タイの人間の安全保障省は人身取引の問題を、社会福祉を中心として理解し、人間の安全保障の下、尊厳に必要なニーズへアクセスでき、社会における通常の幸福な生活を送る持続可能な生活を送ることのできる自立した人間を目指すとされている[53]。社会開発・人間の安全保障省の人身取引対策部部長は人間の安全保障は生まれてから亡くなるまですべてをカバーし、そこには社会開発も含まれるという[54]。社会開発・人間の安全保障省自体のミッションも、人々の生活の安全を保障する社会福祉システムの構築、社会的変動からの人々の保護、社会の質の向上、社会的開発における関係者すべての参加の強化であり、社会福祉としての側面が強い[55]。人間の安全保障の理解に「尊厳」という言葉が入ったのは、福祉政策担当者にとって社会福祉、社会開発、社会のセーフティネットといった従来からの政策に人間の安全保障が関連づけられやすくするためということ[56]、そして一九九七年のアジア通貨危機の経験ゆえである。

国務省人身取引報告の影響下、刑事司法分野での対策強化がとられる一方で、タイは人間の安全保障についての独自の解釈に基づいた理念に基づき、特に被害者保護に重点を置いた政策も継続強化している。社会開発・人間の安全保障省の担当者は、人間の安全保障の観点から人身取引問題に取り組むことこそが被害者中心のアプローチとなることを強調する。被害者が交渉力もなく搾取された存在であるという脆弱な存在であることを前提に、被害者に多分野にわたる身体的、精神的、法的な支援をする。被害者の安全な帰還、帰国を重視し、そもそも出稼ぎの必要のないように発展することで被害を予防し、近隣諸国とは人身取引問題対策の情報共有や法執行機関の協力だけでなく近隣諸国も発展できるよう援助することこそが人間の安全保障に資すると考える[57]。

タイ政府報告書は二〇一五年から被害者の社会復帰の項目を設け、二〇一六年報告書では、被害者へのカウンセリング、法的支援、医療支援、対人身取引基金からの金銭的援助と給与補償、被害者への再被害予防のための啓発教育(家族が被害者を再度業者に売らないことも含めて)、就職支援など社会復帰のフォローアップのためのケースマネジャーの役割強化の努力を非常に詳細に説明する。

さらに二〇一六年報告書ではそうした人間の安全保障にコミットしている証として、二〇一六年九月の国連難民サミット参加においてタイがＡＳＥＡＮで唯一の首脳参加国であったことを説明している。サミットでタイ首相は難民という脆弱な社会グループの人身取引の被害予防、そしてある国の入国拒否にあっている者も生命や自由が脅かされる恐れのある国に追放または送還されることを禁止するノンルフールマン原則の徹底を訴えた[58]。

4 タイへの日本の規範的影響とその特徴

日本政府はタイ政府との間では大変緊密な支援協力体制を敷いてきた。人身取引受入国としての日本にはタイからの被害者がフィリピンとともに多くいた。二〇〇六年五月に、日タイ政府間で、「人身取引対策に関する日タイ共同タスクフォース（Japan-Thailand Joint Task Force on Counter Trafficking in Persons：ＪＴ－ＣＴＰ）」を立ち上げ、人身取引防止、法執行および被害者の保護の三分野での協力推進を目指した。ＡＳＥＡＮを通じた協力として、二〇一四年一一月、第一七回日・ＡＳＥＡＮ首脳会議において、「テロ及び国境を越える犯罪と闘う協力のための日・ＡＳＥＡＮ共同宣言」を採択し、人身取引を含む犯罪対策のための協力を強化することを合意した。

日本のタイとの協力は人身取引対策における予防、保護、訴追の基本三段階のうち、特に被害者の保護そして自立、社会復帰の面を強調してきた。日本のそうした被害者保護重視の人身取引対策が継続してきたのは、日本の「人間の安全保障」の解釈とタイのそれとが共通していたからであった。人間の安全保障には「恐怖からの自由」と「欠乏からの自由」の二大概念の議論があるが、「尊厳をもって生きる自由」も二〇〇五年の国連総会決議にもみられるように含まれるようになった。

日本の場合、アジア金融危機で影響を受けた社会的弱者へのＯＤＡでの救済を念頭に、一九九八年から人間の安全保障が当時の小渕外務大臣により提唱された。人間の生存、生活、尊厳を守るという包括的な考えが核になった。その包括性ゆえに保護だけでなく人間の能力強化も重視され、トップとボトム双方からの実践的努力が強調された[59]。これは「人づくりを中心とした地域社会の能力強化」という日本の援助政策の理念の一部ともなった[60]。上述したようにタイにおいても人間の安全保障は福祉政策の発展延長概念として捉えられており、さらに基本的必要ベーシックニーズが保障されてそして尊厳のある通常かつ幸福な生活を送るという趣旨で捉えられた広い意味での人間中心の安全保障は、日本と共通するものがあった。

人間の安全保障を援助の視点の一つとした日本は、対タイ開発支援においても、社会保障、社会的弱者支援の分野を開発課題の一つとし、人身取引対策協力はその課題として位置づけられている[61]。また日本からの対タイ経済協力政策では、タイは経済成長著しい中、人々が尊厳を保ちつつ安全に生活できる社会の構築には課題が多いとの認識があり、その対策の一つとして人身取引問題において被害軽減、被害者の救済支援は重要課題の一つであるとの理解がある[62]。

日本がタイへの人身取引対策支援に取り組む背景には確かに戦略的考慮もあった。そもそもASEAN諸国との政治経済関係の深化と強化は日本の戦略上必須であり、東南アジアへの海外援助も集中的に行われてきた。その中で域内の均衡のとれた発展は日本にとって重要であった。外務省は二〇一二年に対タイ政策の大目標として「戦略的パートナーシップに基づく日本とタイ双方の利益増進と地域発展への貢献の推進」をあげ、そして中目標としては「持続的な経済発展」と「ASEAN地域共通課題への対応」を挙げており[63]、中進国入りし、東南アジアにおける日本企業最大の拠点であるタイとの協力でメコン地域の均衡のとれた発展に貢献する第三国支援も実施している。メコン地域の人身取引への対応はASEAN域内格差が生む副産物の問題への対策となる。

刑事司法的解決より広い意味での被害者救済と能力向上を目指してきた対タイ人身取引対策支援プロジェクトとして、JICAは「人身取引被害者保護・自立支援促プロジェクト」を二〇〇九年三月から二〇一四年三月まで行った。このプロジェクトは社会開発・人間の安全保障省の人身取引対策部をパートナーとし、社会復帰支援、帰国・帰還支援、周辺国との連携の三つを柱とした。ここでいう社会復帰は被害者が元のコミュニティに戻ることでは必ずしもなく、人身取引被害者の生活再建を意味する。こうした姿勢は国連の人身取引の人権指針6の「人身取引された人々の権利とニーズへの留意なくして人身売買のサイクルを壊すことはできないという人身取引被害者中心アプローチによる社会再統合の課題」とも共鳴しているといえる。

被害者の救出と保護を目的としたこのプロジェクトは、人身取引の被害者を「犯罪者」ではなく「被害者」として認定し、被害者を救出し適切且つ安全な避難所に送ること、被害者の心身の回復と教育・職業訓練、出身地への送還などの自立・社会復帰を支援し、その過程で必要な法的サービスを提供し、最終的には再び人身取引の被害に遭わないようにするタイの施策を支援する。方法はアジア財団のチェンマイモデルに基礎を置き、社会開発・人間の安全保障省で採用されてきた多分野協働チーム（Multi-Disciplinary Team：ＭＤＴ）」アプローチの支援・強化である。ＭＤＴ方式は警察、移民局、検察、弁護士、ケースワーカーなど人身取引対策のすべての段階に何等かの形で関わる関係機関間の協力関係に基づく協働での包括的対策のアプローチである。これら関係者が被害者保護の各ステップを把握し、相互協力のもとインテークから社会復帰まで一貫して管理し、段階に応じて被害者に適切な社会・医療・法的支援を行うことを目的とする。プロジェクトはＭＤＴの強化のため、担当者間の調整・管理・実施能力強化や連携向上のためのワークショップを行い、そして被害の通報があった場合の情報収集の仕方や、保護における被害者の聞き取り調査の仕方などを関係機関が共有するためのＭＤＴ実施ガイドの作成、ＭＤＴ方式の情報共有を行った。

このプロジェクトではアメリカ国務省報告の影響の下、タイも含む東南アジアからの人身取引被害者受け入れ国として人身取引司法対策を進めてきた日本国内の関係省庁担当者がタイでのプロジェクトのワークショップに講師として参加し、またタイのＭＤＴチームが日本での本邦研修に参加し、情報や経験の共有を図るなどしてタイとの連携を強化することで需要側と供給側の双方向からの問題の対象にあたることもできたという。ゆえに支援関係というより、当初から対等なパートナーという認識のもとに、タイ側の応分の費用負担もなされてプロジェクトは推進された。勿論このタイの積極姿勢の背景には上述のように国務省報告に対応するという動機が後押ししていた[64]。

このプロジェクトの効果として、MDT関係者が保護・支援のプロセス全体を管理する役割を担うケース・マネジャーとして自らを認識するようになり、被害者の社会的・文化的背景をよりよく理解し、被害者の信頼を得られるようになったことで、被害者から情報を得やすくなり、より適切な支援を提供することが可能となったという[65]。被害者保護と近隣諸国での対策の必要性ゆえに、JICAはミャンマーでの「人身取引被害者自立支援のための能力向上プロジェクト」とヴェトナムでの「人身取引対策ホットラインにかかる体制整備プロジェクト」を二〇一二年から二〇一五年までさらに実施し、また二〇一五年四月から「メコン地域人身取引被害者支援能力向上プロジェクト」を開始した。

JICAプロジェクトの被害者中心主義をよく表すのは、元被害者による被害者のための支援を行っているグループとの協働の重視である。これは被害者保護の前提となる広範にわたる被害者の実情の理解・把握への努力の一環である。司法手続きが整っても、長い裁判は現金収入が必要な被害者にとっては必ずしも解決にはならないこと、女性や子どもの被害認定がされるような状況でも男性の被害者は認定されにくいこと、被害者自身が被害認定を拒否する傾向が強いこと、通訳が不十分であることの問題などの被害者の実情を把握する[66]。そしてJICAはそのプロジェクトの中で、こうした被害者の現実の情報を他のドナー政府や国際機関と共有し、活動に活かしている。

例えば、女性被害者の相互支援NGOであるFoundation for Women（FFW）とLive Our Lives（LOL）へ社会復帰などの助言支援をJICAは合宿形式で行っている。こうしたNGO活動では元被害者が、特に裁判での当事者尋問の方法、各種支援金をもらうための戦略の助言などを被害者に行い、被害者は制度の情報・知識を得て政府の弱者救援策に精通してゆく[67]。

ＪＩＣＡはその効果を促進するための能力強化支援を行う。一つには被害者とＭＤＴチーム、ドナーのつなぎである。ＪＩＣＡはＬＯＬの会長がアメリカやオーストラリアなど司法での能力強化支援をするドナー国に、法的救済における被害者の厳しい現実を伝える機会を設けた。人身取引被害者の認定作業の精度向上と加害者の取り締まり強化の他にも重要な点があること、被害者救済の法的支援を行う上での実際の困難や課題、被害者の多様な実態の報告である[68]。裁判の長期化(例えば帰国後一一年以上経っても裁判所に通う被害者)、裁判で勝訴しても、加害者が逮捕されず賠償金も払われない現状、貧しい被害者は良い弁護士が雇えないこと、同じ境遇なのに政府やＩＯＭの支援金の支給の可否があり未説明でおわっていることも伝えられた。

ＪＩＣＡが被害者の情況を詳細に把握し、被害者を尊重しつつその回復過程を注意深く見守る姿勢は、ＪＩＣＡのプロジェクトにタイ語を話すＪＩＣＡ専門家が常に携わっており、現地のＮＧＯや被害者とも十分コミュニケーションをとる体制を整えてきたことからもわかる。例えばタイ人被害者の呼称についてＪＩＣＡプロジェクトのスタッフは、被害者が本人の意思を尊重していることからもわかる。ユア(犠牲者)は力をなくしてしまった人の意味が強く、コンアウトロー(サバイバー)はすっかり立ち直った人の意味になり、その中間としてプーシアハイ(部分的に傷つけられた人)があり、多くの被害者はこの呼称を選ぶという[69]。

一人ひとりの被害者に注目したＪＩＣＡの姿勢は被害の予防策においても、現実的かつ蓄積を重視した方法を採用する。ＪＩＣＡはそのプロジェクト実施にあたり、ＮＧＯにすべて委託するというよりは地元のＮＧＯと協力する形でフィールド活動を行っている。現地のＮＧＯがワークショップでタイ語で講義を行うにおいても、現場で直接観察し適宜助言を行っている。ワークショップ参加者一人ひとりの反応も重視し、ワークショップで参加者が積極的に発言しているか、話についていっているか、退屈していないかなど、注意深く観察し、必要に応じて講義者に助言をし、参加者をサポートしている。そして各個人へ人権規範や対人取引対策のための規範が行き渡る過程を重視している。例えばタイのＮＧＯと共同でのタイの山岳民族の対人取引問題対策の郡レベルでのＭＤＴ能力向上のプログラムがある。啓発活動として地域の代表の年齢層の違う男女に対して人権、特に女性の人権の啓発活動を行うにあたって、「人権」という抽象的な言葉での説明から始めずに、身近な具体例から始める。例えば性と生殖に関する健康と権利を学習するにあたっては、その用語は最初に説明されず、まず男性的なものと女性的なものとは何か、男性のどのような行為が女性への暴力にあたるのか、それはなぜか、暴力にはどう対処すべきかといった対応をブレインストーミングで身近な例を通じて参加者の自発的思考を促しながら学習し、男女の区別、そして女性に対する暴力が禁止されるべきことが教えられ、最終的に性と生殖に関する健康と権利を学習する[70]。

このワークショップの中では、地元の名士に助けられた貧しい家庭がその娘を感謝の印として名士に嫁がせるという慣行が事実上の強制結婚であり、人権の侵害になり、人身取引になりうるということが一つの例として挙げられた。こうした活動は短期間で大規模かつ広範囲の効果が表れるものではないが、同じ参加者を対象に複数回のワークショップが行われることで長期にわたる持続可能な強固な効果をもつと期待される。

以上のようにＪＩＣＡの活動全般は刑事司法分野を通じた権利回復よりは、被害者の自立を目指した形での多様な保護政策に重点を置くが、そこには実質的に予防の効果も期待されている。被害者の真の保護は被害者を社会から追いやることなく、人身取引問題に対する社会の理解を改善し、この問題への個人と社会の対処能力を高めることである[71]。社会における問題の正しい認知と共有の促進を通じて、個人と社会を通じての重層的な被害者の再被害予防効果が期待される。

おわりに

人身取引問題はアメリカと国連の主導のもとに二〇〇〇年代に国際的規範が敷かれ普遍化し、予防と対策の実行努力がなされてきた。国際的規範は二〇〇〇年合意のパレルモ議定書である。アメリカは国の歴史的背景もあり、強い道徳的意識をもって子供兵士の問題や難民など新しい人身取引問題やその温床に警鐘をならすなど、常に先進的に規範の普及浸透の努力を続けてきた。その中心となったのが二〇〇一年から毎年発表されている国務省の人身取引報告である。これはパレルモ議定書の規準を採用して各国の人身取引対策をランクづけ、個別報告を発表する。当報告は二国間ベースでの事実上の規範的圧力となり、タイ政府に多くの影響を与えてきた。人身取引問題対策を人権問題と捉えた形での被害者中心主義をとるアメリカ政府は、被害者による権利回復という刑事司法対策を特に重視してきた。人身取引の送り出し国、中継国、受け入れ国としての三重苦を抱えてきたタイ政府は非常に積極的に刑事司法での人身取引対策改善に取り組んできた。タイではUSAIDと契約したNGO、特にアジア財団のチェンマイモデルによる多分野協働のシステムは、タイ政府の対策枠組となり、後にJICAがその能力向上支援を行ってきた。

アメリカの規範的影響は人身取引受入国としての問題を抱える日本にも大きな影響を与えた。外国人労働力確保や東京オリンピック開催準備という背景もあったが、政府レベルでの国内国際協力を通じた刑事司法対策強化は確実になされてきた。しかし日本における被害者の脆弱性に注目しての幅広い被害者保護は、未だ改善の余地を多く残している。日本は一方で海外開発協力の中で人間の安全保障の考えに基づき、幅広い被害者保護政策支援を行ってきた。長年にわたる経済支援国であるタイとそのメコン流域周辺国に対して、戦略的深化の意図も含めて二〇〇〇年代からJICAを通じて行ってきた人身取引問題対策技術支援に代表される被害者保護である。

日本の被害者中心主義は人間の尊厳を重視した人間の安全保障の理念を基礎にしており、刑事司法より広い意味での被害者保護、被害者自立支援の形として表れた。これは人間の安全保障について同様の解釈を持つタイ政府の方針とも一致し、タイのメコン流域近隣諸国での被害者保護自立支援のプロジェクトを通じての日・タイ協力として継続的に発展的してきた。こうした被害者保護の在り方は刑事司法対策と同様に予防的効果も持つものと認識され、司法手続きでは十分解決しえない被害者の社会的経済的脆弱性を救い、被害者がそもそも被害者となった環境の改善にも資している。

このように日本とアメリカはタイの人身取引対策においてともに被害者中心主義をとりながらも、それぞれ人間の安全保障と司法を通じての人権回復を行ってきた。両アプローチともに予防、保護機能を持ち、アメリカの先駆的規範推進の枠組みの中で事実上の相互補完的人身取引対策支援となっている。現時点での二国間での戦略的連携はないが、既にタイのドナー国同士での年に三〜四回の持ち回りの多国間会議で支援状況の報告と情報共有がなされている。またメコン流域での対策となると、国連機関合同プロジェクトが調整機能を果たしている。日米二国ということではUSAIDも支援計画作成にあたってはJICA専門家に数回インタビューをし、調整している[72]。

日本の強みとしては、タイ語を話すJICA専門家であるからこそ得られる現地NGOのもつ情報を詳細に把握できること、MDTの強化を目的に活動している唯一のドナーであること、さらに被害者受け入れ国側としての対策も合わせた緊密なタイとの二国間連携から得られた経験と知見があること、そしてタイといわば対等な関係で進めるプロジェクトであるからこそ生まれる信頼関係があることである。

こうした日本の強みを米国のタイへの規範的影響を強化する方向で戦略的に補完してゆくことも考えられる。確かにタイを含めたメコン地域はUNIAPを軸として多国間ベースの協力となっているが、その中で日米二国間での協力も実践的であり効果的と考えられる。まず、東南アジアに対しては中国の台頭を背景とした日米の安全保障協力が進められている。こうした日米の安全保障協力が、人身取引の送り出し、中継、受け入れ国として人身取引の多様な面に関わらざるをえないタイ政府の人身取引問題対策への日米による支援協力の基盤となりうる。これは特に昨今人身取引がテロの資金的人的資源となっていること、また子供の兵士の問題が人身取引問題としても捉えられてきており[73]、人身取引が犯罪、人権問題のみではなく紛争処理、安全保障問題により関係して理解されてきているからである[74]。

注記

本章執筆のための事前調査、タイ、アメリカにおける現地調査については、ＪＩＣＡ、ＵＳＡＩＤ、アメリカ国務省、アジア財団事務所、ウィンロック＝インターナショナル、Lawyers without Borders、International Justice Missionの全面的な協力をいただきました。この場を借りて御礼申し上げます。

註

1——State Department, "Trafficking in Persons Report," June 2016.

2——ILO, "ILO Global Estimates on Migrant Workers, 2015." http://ilo.org/wcmsp5/groups/public/--dgreports/--comm/documents/publication/wcms_436330.pdf (Last accessed on June 1, 2017).

3——ILO, "Forced labor, Modern Slavery, and Human Trafficking." http://www.ilo.org/global/topics/forced-labour/lang--en/index.htm (Last accessed on June 1, 2017).

4——State Department, "Trafficking in Persons Report," June 2016.

5——福島安紀子『人間の安全保障——グローバル化する多様な脅威と政策フレームワーク』千倉書房、二〇一〇年、六三頁。

6——パレルモ議定書第六条第一項。

7——"Special Rapporteur on Trafficking in Persons, Especially Women and Children," Concept Note Expert Meeting on Prosecution of Trafficking Cases Geneva, 4 July 2011. http://www.ohchr.org/Documents/Issues/Trafficking/Geneva2011ConceptNote.pdf (Last accessed on November 3, 2017)

8——齋藤百合子「人身取引被害者の帰国後の社会再統合の課題——日本から帰国したタイ人被害者による自助団体の活動からの考察」山田美和編『「人身取引」問題の学際的研究』調査研究報告書、アジア経済研究所、二〇一四年。

9——齋藤百合子、同右。

10——国務省担当者への筆者インタビュー、二〇一六年三月三〇日。

11——State Department, "Trafficking in Persons Report," June 2016, pp.30-31.

12——State Department, "Trafficking in Persons Report," June 2016, p.36.

13——国務省担当者への筆者インタビュー、二〇一六年三月三〇日。

14——State Department, "Trafficking in Persons Report," June 2015.

15——内閣府「人身取引対策に関する取り組みについて」二〇一六（平成二八）年五月 http://www.kantei.go.jp/jp/singi/jinsintorihiki/dai2/honbun.pdf（二〇一七年五月一四日最終確認）。

16——警察庁保安課広報資料「平成28年における人身取引事犯の検挙状況等について」http://www.npa.go.jp/safetylife/hoan/h28_zinshin.pdf（二〇一七年五月一四日最終確認）。

17——内閣府、二〇一六年。

18——外務省「国際組織犯罪に対する国際社会と日本の取組」二〇一六（平成二八）年六月一日 http://www.mofa.go.jp/mofaj/gaiko/jinshin（二〇一七年一一月三日最終確認）。

19——内閣府、二〇一六年。

20——内閣府、二〇一六年。

21——State Department, "Trafficking in Persons Report," June 2004, p. 4, 15, 93-97.

22——State Department, "Trafficking in Persons Report," June 2014, p. 220.

23——内閣府「日本再興戦略・改定二〇一四」http://www.kantei.go.jp/jp/singi/keizaisaisei/pdf/honbun2JP.pdf（二〇一七年五月二〇日最終確認）。

24——内閣府犯罪対策閣僚会議「人身取引対策行動計画二〇一四」二〇一四（平成二六）年一二月一六日 http://www.

kantei.go.jp/jp/singi/jinsintorihiki/pdf/honbun2.pdf（二〇一七年六月一日最終確認）。

25——内閣府犯罪対策閣僚会議、同右。

26——斉藤百合子「国際化と人権　タイにおける人身売買に対する取り組み」『国際人権ひろば』No.62（二〇〇五年七月発行号）一般財団法人アジア・太平洋人権情報センター。http://www.hurights.or.jp/archives/newsletter/section2/2005/07/post-183.html（二〇一七年五月一四日最終確認）。

27——斎藤、同右。

28——Edith Kenny, "Securitizing Sex, Bodies and Borders: The Resonance of Human Security Frame in Thailand's War against Human Trafficking," in Christina Ewig et al. ed, *Gender, Violence and Human Security: Critical Feminist Perspective*, New York University Press, 2013, p. 86.

29——Surangrut Jumnianpol and Nithi Nuangjamnong, "Human Security Practice in Thailand," JICA-RI Working Paper, No. 102, March 2015, https://www.jica.go.jp/jica-ri/ja/publication/workingpaper/jrft3q0000000yg0-att/JICA-RI_WP_No.102.pdf（Last accessed on June 3, 2017）.

30——State Department, "Trafficking in Persons Report," June, 2012, p. 338.

31——Royal Thai Government, "Thailand's Trafficking in Persons 2014 Country Report," p. 140.

32——Karin Sun, "State Department Faces Backlash Over 'Politicized' Trafficking Report," *The Washington Diplomat*. Uploaded on September 30, 2015. http://washdiplomat.com/index.php?option=com_content&id=12470%3Astate-department-faces-backlash-over-politicized-trafficking-report&Itemid=428（Last accessed on June 12, 2017）.

33——Jason Szep and Andrew R. C. Marshall, "Reuters Special Report - Thailand secretly dumps Myanmar refugees into trafficking rings," December 5, 2013. http://uk.reuters.com/article/uk-thailand-rohingya-special-report-idUKBRE9B400920131205（Last accessed on June 3, 2017）.

34——Sun, 2015.

35——二〇一五年初頭にオバマ大統領にファスト・トラック権限を与えた法は第三階層の国のＴＰＰ交渉参加を禁止していた。

36——State Department, "Trafficking in Persons Report," June, 2015; State Department, "Trafficking in Persons Report," June, 2016.

37——State Department, "Trafficking in Persons Report," June, 2016.

38——メコン地域における人身取引対策協力にかんする覚書 http://www.ilo.org/wcmsp5/groups/public/---asia/---ro-bangkok/documents/genericdocument/wcms_160937.pdf (Last accessed on June 10, 2017).

39——青木(岡部)まき「ASEAN地域における人身取引対策協力——その形態と課題の整理」山田美和編『「人身取引」問題の学際的研究』調査研究報告書、アジア経済研究所、二〇一四年、第二章。

40——社会開発人間の安全保障省人身取引対策部スワリー部長への筆者インタビュー。二〇一七年三月三日。

41——USAID, "Counter-Trafficking in Persons Policy." https://www.usaid.gov/sites/default/files/documents/2496/ctip_policy_onepager_final.pdf (Last accessed on May 13, 2017).

42——アジア財団バンコク事務所担当者への筆者のインタビュー。二〇一七年三月三日。

43——アジア財団バンコク事務所担当者への筆者のインタビュー。二〇一七年三月三日。

44——土屋恵司「オーストラリアにおける人身取引取締政策および法則」『外国の立法』二二〇号、二〇〇四年五月、一六二~一八三頁。

45——State Department, "Trafficking in Persons Report," June, 2016.

46——Royal Thai Government, "Trafficking in Persons Report 2015: The Royal Thai Government's Response," 1 January – 31 December 2015, pp. 12-41.

47——Royal Thai Government, "Report on Anti-Human Trafficking Response (1 January – 31 December 2016)," pp.159-160.

48——Judith G. Kelley and Beth A. Simmons, "Politics by Number: Indicators as Social Pressure in International Relations," *American Journal of Political Science*, Volume 59, Issue 1, January 2015, pp. 55-70.

49——国務省担当者への筆者インタビュー。二〇一七年三月三〇日。

50——福島、二〇一〇年、八、一五~一六頁。

51——アジア財団担当者への筆者インタビュー。二〇一七年三月三日。

52——Surangurt Jumnianpol and Nithi Nuangjamnong, "Human Security in Practice in Thailand," JICA-RI Working Paper, No. 102, March 2015. https://www.jica.go.jp/jica-ri/publication/workingpaper/jrft3q00000026o3-att/JICA-RI_WP_No.102.pdf (Last accessed on June 12, 2017).

53——Jumnianpol and Nuangjamnong, 2015, p. 18.

54——社会開発人間の安全保障省人身取引対策部スワリー部長への筆者インタビュー。二〇一七年三月三日。

55——Ministry of Social Development and Human Development, "Mission." https://www.m-society.go.th/ewtadmin/ewt/mso_eng/ewt_news.php?nid=7 (Last accessed on June 14, 2017).

56——Jumnianpol and Nuangjamnong, 2015, p. 18.

57——社会開発人間の安全保障省人身取引対策部スワリー部長への筆者インタビュー。二〇一七年三月三日。

58——Royal Thai Government, "Thailand's Country Report on Anti-Human Trafficking Response (1 January – 31 December, 2016)," p. 13.

59——福島、二〇一〇年、一七頁、八七〜九七頁。

60——外務省「政府開発援助大綱」二〇〇三年。http://www.mofa.go.jp/mofaj/gaiko/oda/shiryo/hakusyo/04_hakusho/ODA2004/html/honpen/hp203010000.htm (二〇一七年五月二〇日最終確認)。

61——外務省「対タイ国事業展開計画」二〇一四年四月。http://www.mofa.go.jp/mofaj/gaiko/oda/seisaku/houshin/pdfs/thailand-2.pdf (二〇一七年五月一四日最終確認)。

62——JICA「2009年　事業事前評価表(技術協力プロジェクト)」https://www2.jica.go.jp/ja/evaluation/pdf/2008_0800136_1_s.pdf (二〇一七年四月一四日最終確認)。

63——外務省「外務省対タイ国国別援助方針」二〇一二年一二月。http://www.mofa.go.jp/mofaj/gaiko/oda/files/000072236.pdf (二〇一七年五月二九日最終確認)。

64——独立行政法人国際協力機構　タイ事務所、『タイ王国人身取引被害者保護・自立支援促進プロジェクト終了時評価調査報告書』二〇一三(平成二五)年一〇月 http://open_jicareport.jica.go.jp/pdf/12229514.pdf (二〇一七年一一月二日最終確認)。

65——JICA「タイ王国人身取引被害者保護・自立支援促進プロジェクト終了時評価調査報告書」二〇一三年一〇月、一四頁。

66——JICA、「MDT通信」、No. 88、二〇一三年一二月三一日。www.jica.go.jp/project/thailand/0800136/news/ku57pq0000067k08-att/mdt_no88.pdf (二〇一七年五月五日最終確認)。

67——JICA、「タイ・メコン地域人身取引被害者支援能力向上プロジェクト JICA-CM4TIP 通信」、No. 6、二〇一五年九月三日。www.jica.go.jp/project/thailand/016/newsletter/ku57pq00001ynwvv-att/newsletter_06.pdf (二〇一七年五月

二四日最終確認）。

68——JICA、「タイ・メコン地域人身取引被害者支援能力向上プロジェクト JICA-CM4TIP通信」、No. 18、二〇一六年一二月一三日。http://www.jica.go.jp/project/thailand/016/newsletter/ku57pq00001ynwv-att/newsletter_18.pdf（二〇一七年五月一〇日最終確認）。

69——タイ・メコン地域人身取引被害者支援能力向上プロジェクトチーフアドヴァイザーのコメント。国際シンポジウム「メコン地域と日本をつなぐ人身取引問題を考える」、明治学院大学白金校舎、二〇一七年三月二四日。

70——タイのメコン地域人身取引被害者保護能力強化プロジェクト（CM4TIPプロジェクト）のチェンライ県チェンコン郡での、郡レベルのMDTの能力強化研修、二〇一七年二月二七日、二八日。

71——JICA、「メコン地域人身取引被害者支援能力向上プロジェクトプロジェクト概要」。https://www.jica.go.jp/project/thailand/016/outline/index.html（二〇一七年六月一四日最終確認）。

72——JICA専門家への筆者のEメールインタビュー、二〇一七年一一月二日。

73——国務省報告は二〇一一年から子供の兵士を使用した政府をリストしている。

74——例えば、テロ及び国境を越える犯罪と闘う協力のための日ASEAN共同宣言、二〇一四年一一月。

第4章

フィリピン・ミンダナオ紛争の解決と日米の取組

信田智人
SHINODA Tomohito

はじめに

フィリピンに対して日米両国は、伝統的な安全保障の分野で深くかかわっている。特に、米国は一九四七年に米比軍事基地協定を締結し、植民地時代に築いたスービック海軍基地とクラーク空軍基地を維持し、独立したばかりで国防能力のないフィリピンに安全保障を提供した。その四年後の一九五一年には相互防衛条約を締結し、米比同盟関係を定着させた。ところが冷戦が終結すると、ナショナリズムが台頭したフィリピンの上院は基地協定の延長を拒否し、米軍は一九九一年にスービック基地から、翌一九九二年にクラーク基地から完全撤退し、駐比基地のない同盟期を迎えることになった。しかし、中国の軍事的台頭と南沙諸島領有権問題を契機として、一九九八年には訪問米軍に関する地位協定が締結され、二〇一四年には米比防衛協力強化協定が結ばれ、米軍によるフィリピン基地の使用が可能になり、中国の南シナ海進出の抑止効果が期待された。

日本も近年、フィリピンに対して安全保障協力を行っている。二〇一一年に日比間の「戦略的パートナーシップ」を包括推進する首脳間の共同声明が出され、二〇一五年にはベニグノ・アキノ大統領の訪日中に共同宣言で、戦略的パートナーシップの強化が確認された。その行動計画では安全保障分野において、情報の共有や交換、海洋安全保障、防衛力装備品・技術協力、能力構築支援などの協力が挙げられた。これによって、日本政府はフィリピンに対してODAを使って一〇隻の巡視船を供与し、二〇一五年七月には自衛隊のP3C対潜哨戒機を使った共同訓練を行い、二〇一六年四月には海上自衛隊の潜水艦と護衛艦二隻がフィリピンに寄港するなど、防衛協力を強化させてきた。

しかし日米両国がフィリピンに行っているのは、こういった伝統的な安全保障分野での協力だけではない。両国はフィリピンにとって長年、二大支援国となっている。二〇一五年の実績で言うと、日本が二億三八〇〇万ドルで一位、米国が二億三六九〇万ドルで僅差の二位、三位のオーストラリアの六五〇〇万ドルに大きく差をつけている。また第五章で扱っているように、二〇一三年台風「ハイヤン」の災害救援などのような人道支援・災害救援活や、ミンダナオにおける紛争解決や平和構築など、本書のテーマである非伝統的な安全保障分野での貢献も行っている。

本章では、第二の具体的事例として、ミンダナオ紛争の解決を目指した日米両国の取組みを扱う。まず、最初にミンダナオ紛争の背景や歴史的展開を説明した後、米国と日本の紛争解決への取組みを紹介し、結論部分でその比較と評価を行う。

1 ミンダナオ紛争の歴史的背景

ミンダナオ紛争とは、南部フィリピンにあるミンダナオ島やその周辺島嶼における少数派のイスラム教徒による武力紛争を指す。それには歴史的な宗教弾圧や強圧的な植民地政策、キリスト教徒入植政策、多民族・多文化間の対立、氏族間の抗争、それに混在する共産主義者や国際テロ組織によるテロ行為などが絡み、問題を複雑にしている。

ミンダナオには元々ルマドという原住民が住んでいたところ、一四世紀にイスラム教が伝播した。一四五〇年にはマレーシアのボルネオ(サバ地域)から島嶼部と南西部にかけてスールー王国、一五一五年にはミンダナオ本島のマギンダナオ州を中心としたマギンダナオ王国というイスラム国家が成立した。ところが一五二一年のマゼランのフィリピン上陸後、スペインは北中部の植民地化とキリスト教化を進めていった。これに対しイスラム王国は徹底抗戦し、スペイン人たちは自分たちに従わないイスラム教徒を以前北アフリカのムスリムたちに使った蔑称である「モロ」と呼ぶようになった。徹底抗戦の結果、モロの地域はスペインの植民地統治によって実行支配されたことはなく、スペインに植民地化されたフィリピンとは別の国家であるという認識をモロたちは持っていた[1]。

その後、一八九八年米西戦争に敗れたスペインが実効支配していなかったミンダナオを含めて、フィリピン全土をアメリカに売却した。一九〇二年にアメリカはフィリピン革命軍との争いで勝利を収め、ミンダナオ地域を含むフィリピンの植民地化を展開した。一九〇三年に総督府は土地法を改正し、キリスト教徒フィリピン人に多くの土地を与え、ミンダナオ地域への入植を推進し彼らに統治させるようにした。また同年、未登記の土地は公有地としてキリスト教徒に解放され、登記を最終的な所有権の証拠とする法改正を行った[2]。これは、モロたちが持っていたイスラムの共有地概念をまったく無視したもので、イスラム教徒や先住民が先祖伝来の土地から追い出されるようになった。一九八二年の統計によると、ミンダナオとスールーにおける土地所有者のうち、イスラム教徒は一八％とかなり限定的である[3]。

これらの植民地政策に対してイスラム教徒側の反乱が何度も起こったが、一九一三年頃にはアメリカはミンダナオ地域を平定した。同年に新しく来た米国人総督は中堅ムスリムを懐柔し同化政策を推進した。アメリカの植民地政策によって、伝統的なイスラム国家体制は分裂され、弱体化し崩壊していった。

一九三五年にフィリピン独立準備政府ができる際に、イスラム教徒は独立後にその領域を主権国家として認めるよう要求したが、一九四六年の独立後もミンダナオはフィリピン共和国の一部に含まれることになった[4]。独立準備政府や戦後の共和国下で、中央政府が人口密度の低いミンダナオ島へのキリスト教徒の入植を推進したため、イスラム教徒はますます少数化していった。ある資料によると、一九一三年にミンダナオ島人口の七六％を占めていたイスラム教徒は、米植民統治下の一九三九年には三四％に落ち込み、一九九〇年には一九％まで下がっている[5]。

2　紛争と平和解決への展開

先祖伝来の土地から追いだされ、少数民族化するイスラム教徒は、政府による排他的政策やキリスト教徒に対して強い不信感を持つようになった。ミンダナオ地域では、土地や資源の搾取が行われ、民族間の格差や不平等が拡大していった。そういったなか一九六〇年代、モロ社会のなかで高等教育を受けた知識人が、世界各地の植民地で起こっていた民族主義による独立運動の影響を受け、モロの解放を目指すようになった。

一九六八年に起こったフィリピン国軍の訓練中にムスリム兵が殺害されたジャビーダ虐殺事件を契機に、民族解放運動が起こった。モロたちが求めたのは、「フィリピンによる植民地支配」からの解放、つまり共和国からの独立であった[6]。一九七〇年ごろには、モロ知識人のリーダー的存在であった元フィリピン大学教員のヌル・ミスワリが「モロ民族解放戦線」(Moro National Liberation Front:MNLF)を結成し、独立を目指した武力闘争を開始した。

MNLFの独立を目指した武力闘争には、リビアやマレーシアなど海外のイスラム勢力からの軍事支援があった。しかし闘争が展開されるなか、イスラム諸国からの支持を広く得るために、MNLFは当初の目的であった独立を取り下げて、主権国家の枠組みのなかでの解決を図るようになった。一九七六年にはリビアが紛争仲介国となり、比政府とMNLFは自治政府の設立に合意する「トリポリ協定」を締結した。この後、MNLFはムスリムの権利獲得のために長期間の和平交渉に入る。ミスワリとその一派による和平交渉における譲歩に反発した勢力はMNLFを離脱し、一九八四年に「モロイスラム解放戦線」(Moro Islam Liberation Front:MILF)を発足させ、イスラム国家独立を目標とした武力闘争を再開した。以来、MNLFとMILFはお互いを認め合わない対立関係を続けた。

MNLFは一九八九年に比政府との交渉で、ミンダナオでイスラム教徒が過半数を占める地域に「ムスリム・ミンダナオ自治区」(Autonomous Region in Muslim Mindanao:ARMM)の設立に合意した。翌一九九〇年にARMMが発足したが、自治区に付与された権限に不満なMNLFは住民投票をボイコットした。六年後の一九九六年にようやくMNLFは比政府と最終和平合意を結び、自治区に参加するとともにミスワリがその知事となった。

しかしミスワリを初めとするARMM幹部の汚職などが露見すると、MNLFの評判は低下し、MILFが武力闘争を活発化させる。その一方で、MILFも比政府との交渉を始める。一九九七年に、ミンダナオ紛争に解決するために九点の課題設定に合意している。その九課題とは、①先祖伝来の土地問題、②強制退去させられ土地を失ったバンサモロ問題、③戦争による財産破壊と戦争被害者問題、④人権問題、⑤社会・文化的差別問題、⑥精神の堕落とモラル低下問題、⑦経済的不平等と拡大する貧困の問題、⑧天然資源の搾取問題、⑨農業関連問題、である[7]。MILFはこれらの問題提起を行った後、和平交渉を断続的に続ける一方で、武力闘争を繰り返した。

和平交渉では、モロの独立を求めるMILFと、比共和国内の自治区とすることで解決策としたい比政府の主張は平行線を辿った。そのため二〇〇〇年にはエストラダ政権がMILFに「全面戦争」を宣言し、ミンダナオは再び激しい戦火に見舞われるようになった。この後二〇〇一年に比政府が和平交渉を求めてきたときに、MILF側は①イスラム諸国会議機構(Organization of Islamic Cooperation：OIC)のメンバーによる第三国による調停、②和平交渉はフィリピン国外の中立的な場所で行うこと、③過去の合意に基づいて交渉を行うことを交渉再開の条件とした。これを受けてエストラダの後継であるアロヨ大統領は、ミンダナオ紛争における「全面平和」の方針を表明し、マレーシアのマハティール首相に調停を依頼した。これによって、これまで国内的レベルでだけ行われていた和平交渉が、国際的な外交プロセスに展開することとなった[8]。

マレーシアの調停によって和平交渉は、加速化していった。二〇〇一年初頭に和平交渉再開が合意されると、六月にはトリポリで和平合意に向けての枠組み合意が締結された。そこでは、①治安、②人道復興開発、③先祖伝来の土地、という三つの面での問題解決の方法が示されている。

まず、第一の治安面では、OICの代表国で構成される「国際監視団(International Monitoring Team)が結成され、停戦合意の順守が第三国によってモニタリングされることが合意された[9]。これに基づき二〇〇四年八月にマレーシアが陸軍を派遣し、その二か月後にはブルネイとリビアも参加し総勢約六〇名の監視団が活動を開始した。なお、二〇〇六年には日本にも参加が要請され、治安監視部門に加えて国際監視団に新設された社会開発部門にJICA職員が駐比大使館員の身分で派遣されるようになった。社会開発部門の役割は紛争影響地域において住民にどのようなニーズがあるかを和平交渉団に定期的に報告することである。

第二の人道復興開発面では、モロの人権保護や新生活開始のために必要な財政的・技術的支援が与えることが合意された。これを受けて、ＭＩＬＦの一機関としてバンサモロ開発庁が設置され、さまざまな開発援助の受け皿となった。後で詳しく述べるが、日本も開発援助を中心としたさまざまな平和構築支援を行っている。第三の先祖伝来の土地問題については、地元住民の社会的・文化的遺産と継承された権利を保護するための協議の継続が合意された。

二〇〇四年の国際監視団発足以来、ＭＩＬＦによる武力衝突は激減していたが、二〇〇八年に事態は急変した。先祖伝来の土地問題について、同年七月比政府とＭＩＬＦは合意書を発表した。その内容は、ムスリム先住民の権利を大幅に認めるもので、七三五の村については一年以内に、一四五九の村については二五年後に、「バンサモロ合法統一体」として自治権を認めるものであった[10]。しかし直前になって地元政治家が合意書の違憲性について提訴を行ったため、最高裁判所が署名を差し止めた。同年一〇月に最高裁は違憲判決を下し、それに不満をもつＭＩＬＦ内の勢力が政府軍との交戦を再開した。その結果、二〇〇八年の武力衝突は二一八件を記録し、双方の停戦合意を前提に停戦監視を行っていた国際監視団は撤退した。その後、二〇〇九年にも一一五件の武力衝突が起こっている。

全面戦争状態が約一年続いたが、マレーシア政府代表が調停に乗り出し、二〇〇九年七月には停戦合意を示す共同声明が出された。そのなかで国際監視団の復活が求められ、参加国や部門を増加させたかたちで復活した[11]。治安監視部門においてはマレーシア・ブルネイ・リビアに加えてノルウェイが新参加、日本が参加継続する社会開発部門に加えて、新設された人道復興開発部門にＥＵ、文民保護部門に現地の四ＮＧＯ団体が新たに加わり、より地域密着型の停戦監視活動が可能になった[12]。

また同声明では、和平交渉に参加する国際コンタクトグループ(International Contact Group：ＩＣＧ)の新設が含められた。その結果同年九月に創設されたICGには、日本・英国・トルコ・サウジアラビアの四カ国とアジア財団をはじめ四カ国からの国際NGOの代表が参加することになった。二〇〇八年の最高裁による合意書差し止めのような妨害を教訓とし、ICGが和平交渉にオブザーバーとして出席することになった。ICGはそこで助言や専門的な知識を提供、求めに応じて問題の実質的な解決策に協力や比政府とMILFの橋渡し役を担うなど、和平交渉を円滑に進めるために重要な役割を果たすようになった[13]。

二〇一〇年五月の大統領選挙でミンダナオ和平に対して強い意欲を見せたベニグノ・アキノ三世が勝利した。しかしアキノ政権下では和平交渉は翌二〇一一年二月まで開催されず、その後もMILF側が新政権に不信感を抱いたため、交渉は遅々と進まなかった。そこで同年六月にアキノ大統領がムラドMILF議長に直接の会談を申し込んだ。MILF側が中立的な立場のICG参加国いずれかでの会談を提案し、保安やロジスティックの点から日本が会談場所に選ばれた。八月の成田空港近くのホテルにおけるトップ会談によって双方の不信感が払拭され、和平交渉を加速することが合意された[14]。

比政府とMILFは、双方の内部にいる反対勢力が和平交渉の妨害となることも多かったが、二〇一二年四月に「一〇カ条の原則的協議事項」についての合意文書に署名した。これまでの和平交渉ではそれぞれの和平合意案が並列的に記述されていたのに対し、同文書では協議事項に対する双方間の合意が記載されていた点で画期的であった[15]。これに基づいて、同年一〇月には「和平枠組合意」が署名された。同合意では、①自治政府の設置、②基本法、③権限分担、④歳入創出と富の分配、⑤領土、⑥基本的権利、⑦移行アレンジ、⑧正常化、⑨その他、九項目の合意事項が挙げられ、二〇一六年のバンサモロ自治政府設立に向けてのロードマップが提示された[16]。これを受けて、比政府側七名とMILF側八名からなる「バンサモロ移行委員会」が設置され、枠組合意の内容を法案にまとめる作業が開始された。

移行委員会ができても、合意事項のうち四つの付属文書で重点協議事項とされた①移行アレンジ、②歳入創出と富の分配、③権限分担、④正常化について引き続き交渉が継続された。これら四分野での交渉が終結したのは二〇一四年一月で、それに基づき同年三月に比政府とMILFが包括合意に署名した。そこでは二〇一五年にバンサモロ基本法を制定して、住民投票を経て二〇一六年に既存の自治区であるARMMに代わって「バンサモロ自治政府」が発足するという工程が示された。

しかしバンサモロ基本法案が二〇一四年九月に議会に提出されると、上下両院で対抗案が出され立法化は難航した。それに加えて二〇一五年一月に、停戦合意に違反して事前通告なしに紛争地域で対テロ作戦を強行したフィリピン国家警察特殊部隊がMLIFと衝突し、特殊部隊兵四四名が殺されるという「ママサパノ事件」が起こった。これによって基本法に対して態度を硬化させる議員が続出したため法案の審議が停滞し、基本法制定は二〇一六年に発足する新政権に持ち越されることになった。

3　ミンダナオ和平における米国の取組

二〇一四年発表の米議会調査局による米比関係のブリーフィング資料は、米比同盟の維持、比軍への援助、より良いガバナンスの促進に加えて、ミンダナオ地域を中心とした平和と安定への支持を対フィリピンの米国の政策目的として挙げている[17]。一九九二年に米軍はフィリピンから撤退したが、それ以後もミンダナオやスールー諸島における治安維持のため、共同の対テロ対策を講じて軍事的貢献を続けている。また、フィリピンは東南アジアにおける米国による対外援助の最大の被援助国の一つであるが、その六割程度がミンダナオやスールー諸島のモロ地域への開発援助となっている。さらに、アジア財団のような米国の非政府団体もミンダナオ和平のための活発な行動を展開している。ここでは、ミンダナオ和平における米軍による軍事的貢献、米国国際開発庁

(U.S. Agency for International Development：USAID)による開発援助、アジア財団などNGOの活動について見てみよう。

◆米軍による軍事的貢献

一九九二年の駐比米軍撤退後、フィリピンにおけるテロ事件が増加したため、米軍はテロ対策に協力するようになった。一九九一年にMNLFから分離したアブ・サヤフ・グループ(ASG)や、共産主義テロ集団など国際的テロ集団の活動に対して、米軍は比軍に対して支援を行ってきた。

ASGは世界的なムジャヒディン・ネットワークというムスリム武装組織の一部であり、そのメンバーがアフガニスタンを訪れた際、ビン・ラディンから資金援助を受けた[18]。一九九〇年代にASGはそのメンバー数を大幅に増やした。比軍の推計によると一九九三年に一二〇名ほどにすぎなかった数が、二〇〇〇年にはその一〇倍以上の一二七〇名に膨れ上がっている[19]。この時期のASGのメンバーと活動の拡大は、フィリピンにおけるアルカイーダの活動と呼応している。また、インドネシアを中心に東南アジアで活動するイスラム過激派グループ、ジュマ・イスラミーヤ(JI)とも強い関係を持っている。一九九七年に米政府はASGを国際テロリスト組織リストに載せたが、一九九〇年代においてはフィリピンのテロ集団をそれほど重要視していなかった。それが変わったのは、二〇〇〇年に入ってASGがイスラム社会の独立運動より、身代金目当ての米国人誘拐を優先し始めたからである。米政府は沖縄駐留の米軍を派遣し、比軍の対テロ活動に関するトレーニングを開始した。

二〇〇一年の九・一一同時多発テロ事件後、米国は一四年にわたって「不朽の自由作戦(Operation Enduring Freedom)」と称して世界的にテロとの戦いを展開したが、フィリピンは米軍にとって東南アジアにおける重要な拠点となった。二〇〇二年に米比両政府が合意し、約一三〇〇名の米兵が派遣された。その後、二〇一四年までの作戦活動の間、米軍は平均して五〇〇～六〇〇名の派遣を継続した。両政府の合意では、米軍は直接戦闘に関わることはできないが、①対象のテロ集団に対する比軍の作戦への支援と助言、②比軍の対テロ活動のトレーニング、③軍民共同作業や情報活動（これには比政府に対する住民の支援拡大やテロ集団の安全な隠れ場所の排除を含む）という面で、比政府を支援することになった[20]。

米軍がミンダナオにおいて比軍に対テロ訓練を行っていた二〇〇三年一月、ブッシュ（子）大統領あてにサラマト・ハシム議長が、MILFはテロ組織とは違い民族解放運動を展開しているのだと自分たちの活動の歴史的正統性を訴える手紙を送った[21]。ところが、同年二月には比軍がイスラム犠牲祭の礼拝中にMILFの主要拠点であったブリオック・コンプレックス基地を攻撃した。比軍が同基地を攻撃したのは、身代金目的の誘拐を繰り返していたペンタゴン誘拐団が匿われていたからだと説明した。この攻撃の結果、MILFは同基地を捨て多大な人的・物的資源を失い、四五万人が避難民となった[22]。フィリピン国内では、この後MILFをテロ組織と見なそうとする動きが見られた。

同年五月にアロヨ大統領の訪米時に、ブッシュ大統領は共同会見を開き「MILFが暴力的な道を捨て去り、平和的交渉を通じた解決に向かうなら、米国は外交的・経済的支援をする」と表明した[23]。この会見翌日、ハシム議長はブッシュ大統領に手紙を送り、「MILFは政治的目的の達成手段としてのテロリズムを放棄すると繰り返し表明してきた」と伝えた[24]。これに対し、六月に入ってからジェームズ・ケリー国務次官補が返事を出し、米国政府が「フィリピン南部のムスリムには深刻で正統な抗議の根拠があることを認める」一方で、「MILFと国際的なテロ組織との関係には憂慮しており、即刻に関係を断ち切るように求め」た[25]。

ケリー次官補の手紙を受け、ハシム議長は「相違を克服する手段としてのテロ行為を拒否する」と題した公式政策声明を発表し、「テロ集団や活動とのリンクを拒否および否定する」と宣言した。米国務省はまだMILFの司令官がまだJIやアルカイーダとの関係を完全に断ってないことを懸念して、この声明に対して直接対応するのを避けた。そこで、ミンダナオ和平交渉には米国平和研究所（US Institute for Peace）などの非政府組織を経済的に支援し、仲介役をすることを促した[26]。こういった米政府の動きが比政府とMILF間の和平交渉を再開する後押しをすることになった。

MILFは国際的なテロ組織と関係を排除する方針に出たものの、二〇〇五年にはASGやJIがミンダナオやスールーにおける活動を活発化させた。これに対し、米軍は共同特殊作戦タスクフォースを立ち上げ、「最後通牒作戦」と呼ばれる比軍に対する間接的な支援を行った。その目的は、①テロ組織の聖域を壊滅、②テロ組織の可動性を停止、③テロ組織の資源へのアクセスを阻止、④テロ組織から住民を隔離するというもので、そのためのインテリジェンス提供や能力向上のプログラムを比軍に提供した。この作戦はかなり効果をあげ、二〇〇五年には九〇件に上ったテロ活動が二年後の二〇〇七年には五〇件にまで減少している[27]。

しかし翌二〇〇八年になると、前述のように比政府との合意が反故になったためMILFが政府軍との交戦を再開し、南フィリピンの情勢は不安定になった。それに乗じて、テロ組織も活動地域を拡張するようになった。これに対して米軍は組織を分散化し各地域での対応を行う方針を定め、各地のテロ活動を鎮静化していった。二〇一〇年初めにフィリピン政府は「国内平和安全保障計画」を発表、これまで比軍が担当していたテロ対策について比国家警察が責任を段階的に負うことになった。これに応じて、米軍は段階的に比軍への協力を縮小していくことになった[28]。

ところが二〇一三年九月に、ミンダナオ島にある商業都市サンボアンガでMNLFのミスワリ派が一〇〇人余りの人質をとり比軍と戦闘を起こす事態が生じた。また一一月には第五章でも扱う台風「ハイヤン」がフィリピン南部を襲い、ミンダナオに駐留していた米軍は、直ちに災害救援活動を展開した。これらのため、米軍の撤退と比国家警察への権限の移行は大幅に遅れることになった。

二〇一四年四月には、アキノ政権下で米比防衛協力強化協定が締結され、米軍によるフィリピン基地の使用、構造物の建設、事前集積が可能になり、フィリピンとの防衛協力が強化されることになった。前述したように同年三月には比政府とＭＩＬＦとの間で、バンサモロ自治政府設立に向けた包括合意が交わされたこともあり、南フィリピンの情勢は安定するものと考えられた。そのため二〇一五年三月に米軍はフィリピンにおける不朽の自由作戦を終え、共同特殊作戦タスクフォースを解散した。最盛期には六〇〇名の米兵が駐留していたが、作戦後は駐留規模を一〇〇名ほどに縮小することになった。

二〇一六年六月にはロドリゴ・ドゥテルテが比大統領に就任した。ドゥテルテ大統領は就任前から麻薬撲滅に厳しい手段をとることを表明しており、就任後一カ月余りで麻薬犯罪容疑者が逮捕の現場で射殺される件数が一八〇〇件も発生した。こういった人権蹂躙行為について、国際社会は強い批判を繰り広げた。バラク・オバマ大統領も人権侵害をやめるよう訴えたが、ドゥテルテはオバマを「売春婦の息子」と罵倒した。また同年九月には、ミンダナオに駐留する米兵についても「出ていかなければならない」と発言した[29]。しかし数日後に、デルフィン・ロゼンダナ国防長官が記者会見を開き大統領発言を否定し、ミンダナオ島に残る一〇七名の米兵はテロ集団の監視活動は比軍にとって重要なものであり、駐留継続の方針を再確認することで事態を収拾した[30]。

◆ＵＳＡＩＤによる開発援助

一九四六年の独立以来、米国はフィリピンを西側陣営の東南アジアにおける重要拠点として位置づけ、その政治安定と経済発展を支えるためにＵＳＡＩＤを通じて開発援助を行なってきた。しかしフィリピンの経済発展はマニラを含む北部が優先され、南部にあるミンダナオ島の発展は立ち遅れ、国内でも最貧の地域となっていた。比政府統計局によると二〇一五年でマニラ首都圏の一人当たりＧＤＰが八七六八ドルなのに対し、ＡＲＭＭ地域では五八八ドルと一五倍の格差がある[31]。そしてフィリピン全土の貧困人口の約四割がミンダナオに集中している。こういった経済的格差問題が、モロ民族運動の台頭につながったのだとも言える。

一九七〇年代から一九九〇年代初頭までモロの民族運動で情勢が悪化すると、ミンダナオに対する政府や民間の投資が制限され、さらに経済発展が停滞する状況が続いた。和平交渉が進展する中、一九九三年に比政府はミンダナオのインフラ投資やその他支援活動に対する予算を増加させた。その効果もあって一九九六年に最終和平合意が成立し、ミンダナオの安定と発展に大きな進展が生まれた。

こういった流れのなか、一九九五年にUSAIDは「ミンダナオの公正な成長」(Growth with Equity in Mindanao：GEM)計画を開始した。このGEM計画は六年ごとに、一九九五〜二〇〇二年のGEM1、二〇〇二〜二〇〇七年のGEM2、二〇〇八〜二〇一三年のGEM3と三期一八年にわたって展開され、その後二〇一二年から開始されたフィリピン全体を対象にした「成長のためのパートナーシップ(Partnership for Growth：PFG)」計画の一部に組み込まれた。

GEM1計画において、USAIDはミンダナオ経済開発委員会に資金を提供し、ミンダナオの平和構築と経済発展に取り組むことになった。同計画では農業開発に力を入れ、収益の多い作物を育てる技術の教育や市場開発などによって五万六〇〇〇人以上の農民の収入を倍増することに成功した。また一九九六年の和平合意を受けて、二万八〇〇〇人のMNLFの元兵士たちに対して生活援助を提供し、その多くがGEM計画による技術開発などのプログラムを通じて社会復帰を果たした。さらに同計画のおかげで、投資家や生産者たちに計四億四一〇〇万ドルにのぼる三四三件のプロジェクトが展開するようになった。これらの事業を推し進めたことで、比政府もミンダナオに対する公共投資を計画前の全国比一一%から二〇〇二年には二七%にまで拡大した。これらのプロジェクトは戦闘地域にいた元兵士や農民、漁民、ビジネス団体、地方自治体から強く支持され、ミンダナオ紛争の解決に貢献した[32]。

このUSAIDによる支援活動は、この後もGEM2、GEM3と続く。GEM1で展開されたプロジェクトに加え、GEM2では特にミンダナオ地域で広い範囲に支援が拡大される努力がなされた。フィリピンの地方自治の最小単位はバランガイと呼ばれる、三〇〜一〇〇戸からなる集落である。GEM2ではボート停泊所や道路、歩行者用の橋、水利施設、商業施設、倉庫、天日乾燥施設など、バランガイ単位で八三〇のインフラ整備を行った。これに加え、ARMM内でこれより規模が大きい地域インフラ整備を四〇件展開した。また漁業にも力を入れ、ジェネラル・サントス市の港湾・加工場整備によって水産加工で三三〇〇人の雇用を創出し、技術指導によって二万人の海草養殖者を支援した。またGEM2ではコンピュータや周辺機器、インターネット環境を提供することで、六六八の高校と一万六〇〇〇人の教師、五七万人の生徒を支援できた[33]。

最終期であるGEM3では、インフラ整備、ビジネス拡大、ガバナンス、雇用育成という四つの大きな分野でプロジェクトを展開した。インフラ整備ではGEM2と同様、七六〇件のバランガイ単位、一二件の地域単位のプロジェクトを行った。ビジネス拡大では一三九件のセミナーやワークショップを開催し、一万七〇〇〇人の能力育成に貢献した。ガバナンスの分野では、地域の中心となる一二の地方自治体に技術指導し、効率的に徴税を行い歳入を増加させることに成功した。また雇用育成ではGEM2の経験を踏まえ、新たに二六五校にコンピュータや周辺機器を提供することでITリテラシーを向上させた。

一八年続いたGEM計画では、約二億五〇〇〇万ドルのUSAIDの予算が注ぎ込まれた。これによって、五万人のMNLF元兵士やその住居地域が新しい生活を送ることができた。しかし、GEM計画の事務局ではUSAIDの派遣員はわずか五名で、大部分が二五〇名の現地採用フィリピン人によって運営されている。しかもGEM1から、計画の大部分がルイス・バーガー社というゼネコンに委託されている。良くも悪くもUSAIDの顔が見えにくく、プロジェクトごと丸投げしているような感がある[34]。

二〇一三年以降、GEM計画はフィリピン全体を対象としたPFG計画の一部として引き継がれた。PFGの三大目標と一つとして広範な経済成長や環境復元と並んで「ミンダナオの平和と安定」が挙げられ、毎年二億ドルを超える米国の対フィリピン支援の約六割がミンダナオに向けられた[35]。

◆アジア財団など米NGOの活動

ミンダナオ紛争は一九六〇年代から半世紀近くも続いているため、世界各国から数多くのNGOが紛争解決や地域発展のために活動を展開している。米国からも多くのNGOがミンダナオで活動をしているが、そのなかでも強い存在感を示しているのがアジア財団である。同財団は元々一九五四年にCIAのカバー団体として設立され、その目的を「民主的制度の構築と民主的リーダーシップの発展を促す」とし、反共支援活動を展開していた。一九六七年にCIAのカバー団体だと暴露報道されると、CIA機密費からの出資は停止されることになった。リンドン・ジョンソン大統領の要請を受けて結成され、ディーン・ラスク国務長官が委員長を務めた委員会は、アジア財団の重要性を再確認した。その結果USAIDと国務省の教育文化局の予算から出資することで財団を継続していくことが決まり、その主目的が反共支援活動からアジア諸国の発展に転換した[36]。現在ではアジア財団は民間企業に加え世界銀行などの国際機関や他国政府機関など、米政府以外から予算の約半分近くを集めているという[37]。

アジア財団は一九五〇年代にフィリピンに対して支援活動を展開しており、ミンダナオでの活動も一九七〇年代からと長く、島内でもコタバトとザンボアンガの二か所に事務所を置いた。二〇〇二年に同財団はミンダナオの住民対して意識調査を行った。メディアではムスリムとキリスト教徒間の抗争が頻繁に取り上げられるが、住民たちは「リド」と呼ばれる、ミンダナオ地域特有の氏族間の争いが一番の問題だという認識を持っていたのが分かった。ミンダナオ島のイスラム教徒の多い地域で影響のある政治一族は、私兵団を率いてリドを争っている。

二〇〇三年から二〇一〇年にかけアジア財団はUSAIDから資金を得て、リド問題に対応するようになった[38]。アジア財団は現地のパートナーを開拓し、リド問題において調停、紛争解決に貢献するというプロジェクトを展開した。例えば二〇〇七年一〇月から二〇一〇年六月にかけてリドが数多く起こり二七一名の死者と一九八名の傷者が出ているが、アジア財団の関与で調停が成功したリドの数は一六八件を数えている[39]。

アジア財団がMILFと政府の平和構築に本格的に乗り出すのは二〇〇九年になってからである。二〇〇三年に米政府が「ミンダナオの平和促進」のために三〇〇〇万ドルの予算を計上した。このうち二七〇〇万ドルは経済開発事業に使われたが、残りの三〇〇万ドルは平和構築プログラム予算として民間NGOの米国平和研究所に与えられた。これは前述のように、国務省がMILFの国際テロ組織との関係から政府関係機関が直接関与するのを嫌ったためである。同研究所は正式な調停者であるマレーシア政府を支援する形で平和構築に貢献した[40]。ところが二〇〇九年に国際調停団であるICGが編成されることになると、アジア財団がその正式メンバーとなり、二〇一三年までMILFと政府間の和平交渉に参加することになった。

これ以外にもアジア財団は、ミンダナオでガバナンス向上のための活動を行っている。その支援対象となる事業は、ARMMからバンサモロ新政府設立ための移行措置や、バンサモロ開発庁との協力で、ガバナンスと公安に関する計画策定に関わっている。

4　ミンダナオ和平における日本の取組

日本は米国統治時代からミンダナオとは所縁があり、マニラ麻生産のために日本人移民が集まり、第二次大戦前にはダバオ周辺に二万人の日本人社会が形成されるほどだった。大戦中には日本の軍政が敷かれ、その圧政に苦しむ住民はゲリラ活動を展開した。戦後一九五六年に日比賠償協定が調印され、日本がフィリピンへの戦後賠償支援の一環としてインフラ整備を始め、日本はフィリピンにとって最大の援助国となった。ミンダナオ島に対して日本は一九六〇年代後半に幹線道路整備を開始し、島内のインフラ整備に従事するようになった。日本政府は一九九六年にARMM支援を始め、ミンダナオ紛争影響地域に対する支援を展開するようになった。

これは対フィリピン外交と国際平和協力という両方の観点から、ミンダナオ和平を重要視しているからである。日本政府がミンダナオ支援の三本柱と位置づける、社会経済開発支援と和平プロセス支援、J－BIRDと名付けられた紛争地域への支援プログラムについて見てみる。

◆国際監視団を通じた社会経済開発支援

前項で述べたように二〇〇一年以後、米国がフィリピンを含む世界各地域でテロとの戦いを始めた。米国の動きを支援する小泉政権は、二〇〇二年一二月に「平和と安定のためのミンダナオ支援パッケージ」を打ち出した。そこでは、「フィリピン・ミンダナオ地域における長きにわたる紛争は、同地域の貧困問題を深刻化させ、テロの温床を生み出している」点が指摘され、「日本は、『貧困との闘い』と『テロとの闘い』を同時に進めるアロヨ政権の政策を強く支持」することが宣言され、テロ対策の色合いが濃いことが強調された[41]。また翌二〇〇三年八月改定の「ODA大綱」では、新しく「平和の構築」が重点課題に加え、「人間の安全保障の視点」と「国際社会における協調と連携」が基本方針に含まれた[42]。

こういった流れのなか、二〇〇四年に編成されたマレーシアを団長とする「国際監視団」が強化される方針が二〇〇五年九月に決まり、新たに社会経済支援部門が設置されることになった。その後二〇〇六年七月に日比賠償協定五〇周年記念事業として、日本政府が「ミンダナオ和平交渉と開発について新貢献策」を発表し、そのなかで国際監視団へ日本人開発専門家を派遣する方針が打ち出された。同年九月の緒方貞子JICA理事長(当時)によるミンダナオ訪問時にJICAから開発専門家を国際監視団に派遣することが決まり、翌一〇月にはJICA職員が外務省出向の身分でコタバトの国際監視団本部に勤務するようになった。

ある研究によると日本の国際監視団への参加については、関係者の思惑が強く関係していたという。マレーシアは団長ではあるが、部隊を派遣することで精一杯で、それ以上の経済的支援はできなかったので日本を巻き込みたかった。その背景にはイスラム教徒を敵視する対テロ戦争を展開していた米国を和平プロセスから排除したいという思いもあったという。比政府は最大援助国である日本に対して好意的な態度であったため、日本政府が非公式に国際監視団参加を打診した時に積極的な対応を行った。ＭＩＬＦはイスラム諸国のみによる調停を望んでいたが、日本の援助を欲していたし、米国に対するような大きな抵抗がなかったのが受け入れた理由だという[43]。

ＪＩＣＡは以前からＡＲＭＭ自治政府支援のために現場に専門家を派遣していたが、紛争影響地域については治安の問題があり活動に制約があった。国際監視団の要員となれば、比政府とＭＩＬＦ双方から警備員を帯同して紛争影響地域内での現場訪問が可能になる[44]。社会経済支援部長に就任したＪＩＣＡ職員の任務は、①紛争影響地域の社会経済状況の監視、②紛争影響地域の開発ニーズの把握、③包括的開発計画の策定・早期実施の支援、④開発事業の早期展開の促進であり[45]、これらの分野について和平交渉団に定期的な報告を行っていた。

当初ＪＩＣＡから国際監視団への派遣は一名のみだったが、二〇〇八年八月に二名に増員された。ところが翌九月に紛争地域内で武力衝突が急増すると、停戦合意を前提とする国際監視団の活動は停止され、同年一一月にはマレーシアからの派遣団が帰国した。しかし、日本はリビアやブルネイの派遣団とともに現場での活動は中断しつつ、派遣を継続した。二〇一〇年三月に国際監視団の活動は再開されたが、監視活動中断時も日本人要員の二名は進行中の無償資金協力案件や技術協力案件を進め、現地から高く評価された[46]。

現在も国際監視団の開発専門家として、ＪＩＣＡ職員二名がミンダナオで活動中である。二〇一六年三月に筆者はコタバト市にある国際監視団の本部を訪問し、ダト・サヌシ副団長と会見した。サヌシ副団長は日本の社会経済部門での貢献について、「国際監視団は（同部門の）専門知識から大いに恩恵を受けており、それは紛争影響地域における国際監視団の地位向上や問題意識の促進、存在感の増大に貢献し、貴重な技術的支援を提供している」と高く評価していた[47]。

◆国際コンタクトグループ（ICG）を通じた和平プロセス支援

二〇〇九年七月に比政府とMILFが交わした停戦合意のなかで、新たに和平交渉に参加するICGの新設が提唱された。前述のように、これは二〇〇八年の最高裁判所による和平プロセス妨害を教訓としたもので、国際社会の参加によりプロセスを強化する試みであった。同年九月の枠組み合意文書で、①和平交渉にオブザーバーとして参加、②両者の求めに応じて意見交換や助言、③特定の協議事項について専門家・有識者・集団を提供、④両者の求めにより問題解決のための会合を開催、というICGの役割が定められた。

日本は比政府とMILFの双方から強く求められ、ICGに参加することになった。これで日本は、停戦監視を主な任務とする国際監視団と和平交渉の促進に貢献するICGの両方に参加する唯一の存在となった。これは両者がミンダナオにおける日本の貢献を高く評価していたことの表れであると言える。

ICGには日本のほか、英国、トルコ、サウジアラビアの四カ国と、米、英、スイス、インドネシアからの四国際NGOがメンバーとなった。ミンダナオでテロ対策に貢献してきた米国がメンバーに含まれていないのは、MILFの強い要望があったからであり、米政府の代わりにアジア財団が参加することになった。NGOを含めた混成団になっているのは、基盤のしっかりした外国政府と必要な専門知識と経験をもつNGOとの両方の長所を組み合わせることができることや、政府機関では拾えない多様な利害関係者や市民の声を拾い和平交渉に反映することを試みるためだった[48]。積極的な支援国だった日本と英国はさらにミンダナオ支援を拡大し、NGOは和平交渉会合間に活発に利害関係者との接触を繰り広げた。

二〇一〇年六月にアキノ政権が誕生すると、アキノ大統領はミンダナオ和平の実現を重点政策に取り上げ、和平交渉をクアラルンプールで毎月開催するようにした。駐比日本大使館はICGのメンバーとして和平交渉に全会参加し、和平交渉の進展で積極的な役割を果たした。日本の高い貢献度に対する評価もあって、二〇一一年八月にアキノ大統領とムラドＭＩＬＦ議長が直接会談することになった際に、日本の成田が会場に選ばれることになった。

ＩＣＧが参加した和平交渉の結果、二〇一二年一〇月には比政府とＭＩＬＦが「枠組み合意」に、二〇一四年三月には「バンサモロ包括合意」に署名し、両者間の和平合意が成立した。ＩＣＧに参加した英国のＮＧＯは、ＩＣＧのメンバーがそれぞれ得意な分野で貢献することでうまく和平交渉に貢献できたと分析している。日本はインフラ整備で貢献、英国はアイルランド問題の経験を活用、アジア財団はガバナンス分野、その他三ＮＧＯはそれぞれ会議の補佐や要人の活用、医療・教育分野などで貢献できた[49]。

◆Ｊ－ＢＩＲＤ——元紛争地域に対する集中的支援

小泉政権が二〇〇二年に発表した「ミンダナオ支援パッケージ」では、紛争の原因ともなっている「ミンダナオ地域の最貧困からの脱却と平和の定着に貢献する」ことが宣言された[50]。つまり開発援助による「平和の配当」を地域にもたらすことで、和平プロセスを下支えすることを目的としたものである。二〇〇三年から紛争影響地域内でも最も貧困が悪化したＡＲＭＭ自治区を対象にした支援事業を開始した。これに当たっては比政府の和平交渉担当大統領顧問室を窓口にすることによって、政府対政府の枠組みで支援を行った。

日本のミンダナオ支援がさらに本格化するのは、二〇〇六年一二月に安倍晋三首相が日比国交正常化五〇周年記念で発表したＪ－ＢＩＲＤ（Japan-Bansamoro Initiatives for Reconstruction and Development）という草の根レベルの復興開発の焦点を当てた支援パッケージが開始されてからである。Ｊ－ＢＩＲＤ事業の特色は、日本独自の技術協力と無償資金協力、有償資金協力という三つの援助形態を有機的に組み合わせた点にある。まず技術協力で紛争影響地域の対象村落への開発調査を行い、ニーズを確認したうえで小規模施設は少額の無償資金協力で迅速に対応し、中規模支援や地域限定施設は有償資金協力で広範囲で対応するという包括的なアプローチである。

こうしたニーズの発掘には当初、前述の国際監視団に派遣されていたＪＩＣＡ職員が行った。ＪＩＣＡマニラ事務所では「ミンダナオ班」が設置され、四～五名の職員が配置されるようになった。二〇〇七年にはミンダナオ島最大都市であるダバオ市にＪＩＣＡの現地事務所が開設され、二〇一三年には紛争影響地域の中心ともいえるコタバト市に現地事務所を置き、現地のニーズや支援の効果をより身近に感じることができるようになった。そういった現地のニーズをくみ上げて住民に直接恩恵をもたらすプロジェクトとして、Ｊ－ＢＩＲＤでは①制度整備・人材育成、②コミュニティ開発・生活向上、③中期的地域開発に力を入れた。

まず制度整備・人材育成として、「バンサモロ包括的能力向上プロジェクト」を立ち上げ、新自治政府の制度・体制整備、行政人事育成、農水産業振興などを含む行政サービス強化、地域開発計画作成などを支援する総合的な取り組みを行っている。ライザ・アラミアＡＲＭＭ自治区官房長は筆者に「ＡＲＭＭはＪＩＣＡとは長い関係を持ってきたが、能力向上プログラムには特に感謝している。人事情報システムや道路インフラの状況把握などの技術支援、人材開発など様々なプログラムにとても感謝している」と語った[51]。また、比政府と交渉しバンサモロ新自治政府の機構や権限などを取り決める「バンサモロ基本法」の作成を担当した、モハゲル・イクバル移行委員会委員長は、「ＪＩＣＡはバンサモロ基本法草案作成時に移行委員会に行政の専門家を派遣してくれ、議会と行政府との関係にかかわる政治制度の専門知識を提供し、基本法策定過程に非常な大事な役割を果たした」と筆者に語った[52]。

第二のコミュニティ開発・生活向上については、ＡＲＭＭ政府に対して世界銀行と協調融資で「社会開発基金」を設置し、三五〇以上のバランガイに対して学校や収穫物天日干し場、農業用水路、簡易給水施設、保健所、多目的集会所など地域のニーズをくみ上げて迅速に提供してきた。また、能力開発についてはＭＩＬＦの下部組織である「バンサモロ開発庁」を対象として、農村での野菜栽培や淡水魚養殖事業、住民参加型の道路整備などを行った。同開発庁のサフルラー・ディパチュアン理事長が、「ミンダナオの農業技術は原始的だったので、Ｊ

ＩＣＡの技術指導がとても役立つ」と語ったが[53]、筆者もコタバトの北部に位置するスルタン・マストゥラ町の農業技術指導施設を訪れ、ＪＩＣＡの指導以前は野菜も直播《じかま》きで苗床の重要性すら知らなかったという知識レベルだと知った。ＪＩＣＡの指導が優れている点は、ＪＩＣＡの指導員が直接指導した第一期の農民が、第二期の農民に知識を広げると言ったように、恩恵を受ける住民と地域を広げていくシステムを構築している点であり、少ない投資額で長期的に大きな効果を生むことができることだ。

第三の中期的地域開発については、バンサモロ開発庁と一緒に、バンサモロ開発計画の策定支援や農村と市場を結ぶアクセス道路の改修などを進めている。これらバンサモロの人々が見える形で「平和の配当」を得られるような短期的支援に加えて、平和の定着や行政システムの確立、地域全体の社会経済開発に寄与する中長期支援にもＪ－ＢＩＲＤは取り組んでいる。ディパチュアン同庁理事長は「平和の配当が地域の社会経済に与える影響は大きい。紛争の原因は不信感だと思う。平和の配当があれば信頼醸成に大いに役立つ」と語った[54]。

Ｊ－ＢＩＲＤ事業が成功した要因として、まず前述したように地域のニーズに細かく対応した技術協力と無償・有償資金協力を有機的に組み合わせた包括的なアプローチだというほかにも、比政府だけでなく反政府組織であるＭＮＬＦやＭＩＬＦを支援対象にしている点も重要である。ＭＮＬＦとＭＩＬＦとは対立関係にあったが、Ｊ－ＢＩＲＤ事業はＭＮＬＦが当初中心になっていたＡＲＭＭ自治区とＭＩＬＦの下部組織であるバンサモロ開発庁の双方に支援活動を展開した初めての外国による支援事業だったという点も高く評価された。Ｊ－ＢＩＲＤ事業には二〇一五年までに草の根案件などの総額一六〇億円以上の支援が行われた。

おわりに

日米両国のミンダナオ紛争に対するアプローチは異なっている。米国はテロ対策を重視し軍隊を派遣しているが、日本は自衛隊を派遣せず文民が国際監視団に参加している。また両国は経済発展による平和の配当の重要性を認識させ、平和構築に貢献しようとしている点では一致しているが、その活動の手法にも違いが表れている。

ミンダナオの紛争には、本章で重点的に扱ったMNLFとMILFという反政府モロ勢力との紛争の他にも、リドと呼ばれる氏族間の紛争や、国際テロ集団や共産勢力が起こす紛争が存在する。九・一一以後、米国は軍隊を派遣し、第三のテロ集団の紛争を抑えるために比軍を訓練するという重要な役割を果たした。また米国のNGOであるアジア財団は、リド問題の解決に取り組む独自の活動を展開した。

しかし米国はMNLFやMILFの活動の正統性を認識しつつも、国際テロ組織とのつながりを懸念しモロ勢力とは距離を置く方針をとってきた。モロ勢力側も、九・一一以後イスラム過激派に対する対テロ闘争を全世界的に展開している米国に対して不信感を払拭できないでいる。たとえばギャザリー・ジャーファーMILF第一副議長は、米軍が比軍に提供している武器がバンサモロに対して使用される可能性について、筆者にその懸念を語った[55]。そのため和平交渉のオブザーバーを務めるICGにも、日本政府が歓迎されたのに対し、米国政府の直接関与は拒否された。

米国政府のモロ勢力との関係を反映してか、USAIDによる経済支援も米国人の顔が見えないアプローチをとっている。まずルイス・バーガー社にプロジェクトを委託しており、USAIDの職員が直接支援現場の先頭に立つということは少ない。またマニラにあるUSAIDの事務所も米国人駐在員が少なく、現地採用職員を中心とする現地化を進める方針を意図的にとっている。NGOであるアジア財団は長くミンダナオで支援活動を進めているが、現地のコタバト事務所が活発な活動をしている様子はない。

他方、日本は国際監視団に派遣された文民がMNLFとMILFというモロ勢力がいる現場に足を運ばせ、どのようなニーズがあるかを聞いて回り、日本が積極的に顔を出す支援活動を展開してきた。とくに二〇一三年からは紛争影響地域の中心ともいえるコタバト市に事務所を置き、現在日本人専門家四名とフィリピン人数名が常駐しており、現場に頻繁に顔を出す支援活動を行っている。

筆者は本章を執筆するためにミンダナオで十数名の関係者に直接取材したが、彼らが口をそろえて高く評価したのは、JICAの支援活動が地元に密着し、一貫性のあるものだということだ。米国を含め海外の機関や国際機関の支援活動の多くはプロジェクトベースで、支援期間が完了すると活動場所を移動する。それに比べると、JICAは常駐し続けてくれるのでありがたいという評価を何度も聞いた。とくに二〇〇八年に国際監視団の日本人が、マレーシア軍の撤退後も現地に残って、活動を続けてくれたことを高く評価していた。

こうしてみるとミンダナオ紛争において、日米両国はお互いに補完するような支援活動を行ってきたのだといえる。米国は独自の対テロ活動として比軍に対する軍事援助をおこなった。他方、日本は米国に対する反感をもつモロ勢力の地域で、日本の顔を積極的に出す経済支援活動を行うことによって高い評価を得た。

ドゥテルテ大統領は二〇一六年の就任時から最重要視する、フィリピンの中央集権制から連邦制への移行に先駆けて、バンサモロ自治政府の発足を実現したいと明言してきた。二〇一七年八月、同大統領はフィリピン議会に新しいバンサモロ基本法案を提出した。同法案が成立すれば、新しくバンサモロ自治政府が発足することになるが、その後も日米両国の支援活動はミンダナオ和平の定着に大きな役割を果たし続けることだろう。

注記
本稿執筆のためのミンダナオにおける現地調査では、ＪＩＣＡの東南アジア第五課とコタバト事務所の全面協力をいただいた。この場を借りて謝意を表したい。

註

1——MILF Peace Panel, *Journey to the Bangsamoro Volume 1: Domestic Negotation Phase (1997-2000)*, (MILF Peace Panel, 2015), p. xxv.

2——Paula D. Knack, "Legal frameworks and land issues in Muslim Mindanao," in Jon Unruh and Rhodri Williams, eds., *Land and Post-Conflict Peacebuilding* (Earthscan, 2013), p.458.

3——Catharin E. Dalpino, "Challenges for a Post-election Philippines," *Council on Foreign Relations Special Report*, 11 May 2004, p.14.

4——Ronald J. May, "History, Demography and Factionalism," in Michelle Ann Miller, ed., *Autonomy and Armed Separatism in South and Southeast Asia* (ISEAS Publishing, 2012), pp.278-95.

5——Ibid.

6——MILF Peace Panel, *Journey to the Bangsamoro Volume 1*, p.xxv.

7——The Government of Republic of Philippines (GRP) and MILF, "Joint Press Release," January 7, 1997.

8——MILF Peace Panel, *Journey to the Bangsamoro Volume 2: Third Party Facilitation Phase*, pp.xxv-xxvi.

9——GRP and MILF, "Agreement on Peace between the Government of the Government of Republic of Philippines and the Moro Islamic Liberation Front," June 22, 2001.

10——GRP and MILF, "Memorandum of Agreement on the Ancestral Domain Aspect of the GRP-MILF Tripoli Agreement on Peace of 2001," June 22, 2001.

11——GRP and MILF, "Joint Statement," July 29, 2009.

12——福永敬『ミンダナオ和平』岩波ブックセンター、二〇一四年、五二～五三頁。

13——MILF Peace Panel, *Journey to the Bangsamoro Volume 3: The Comprehensive Agreement on the Bangsamoro and the Expanded Peace Process Architecture Phase* (2009-2014), pp.xxvi-xxvii.

14——Ibid., pp.xxix-xxx.

15——GRP and MILF, "GRP-MILF Decision Points on Principles as of April 2012," April 24, 2012.

16——GRP and MILF, "Framework Agreement on the Bansamoro," October 15, 2012.

17——Thomas Lum and Ben Dolben, "The Republic of the Philippines and U.S. Interests-2014," Congressional Research Service, May 15, 2014.

18——Zachary Abuza, "Balik Terrorism: The Return of the Abu Sayyaf." Strategic Studies Institute, U.S. Army War College, September 9, 2015. Available at http://strategicstudiesinstitute.army.mil/pdffiles/PUB625.pdf (January 18, 2017).

19——Linda Robinson, et al, "U.S. Special Operation Forces in the Philippines, 2001-2014," Rand Corporation, 2016, p.11. Available at http://www.rand.org/content/dam/rand/pubs/research_reports/RR1200/RR1236/RAND_RR1236.pdf (January 18, 2017).

20——Ibid., p.xiii.

21——MILF Peace Panel, *GRP-MILF Peace Process* (Asia Foundation, 2010), pp.347-48.

22——MILF Peace Panel, *Journey to the Bangsamoro Volume 2*, pp.xxxi-xxxii.

23——"President Bush, President Arroyo Hold Joint Press Conference," May 19, 2003. Available at https://georgewbush-whitehouse.archives.gov/news/releases/2003/05/20030519-6.html (February 13, 2017).

24——"Letter from Chairman Salamut Hashim to President George W. Bush (20 February 2003)," in G.Eugene Martin and Astrid S. Tuminez, "Toward Peace in the Southern Philippines," U.S. Institute for Peace, February 2008, pp.19-20. Available at http://www.usip.org/sites/default/files/sr202.pdf (February 13, 2017).

25——Ibid., p.4.

26——Ibid.

27——Linda Robinson, et al, "U.S. Special Operation Forces in the Philippines, 2001-2014," pp.41-61.

28——Ibid., pp.63-94.

29——Alexis Romero, "Duterte to US Troops: Leave Mindanao," *The Philippine Star* (September 12, 2016).

30——Jess Diaz, "US Troops to remain Mindanao," *The Philippine Star* (September 15, 2016).

31——中坪央暁「ミンダナオ平和構築支援の現場から」国際開発ジャーナル、二〇一七年二月号、七四頁。

32——Growth with Equity in Mindanao-2 (GEM-2) Program, Program Management Office, "Phase 1 Completion Report: October 1995 to September 2002."

33——GEM Program Management Office, "Growth with Equity in Mindanao 2 Program: Completion Report." Available at http://pdf.usaid.gov/pdf_docs/Pdact056.pdf (February 22, 2017).

34——William A. Stuebner and Richard Hirsch, "Mindanao: A Community-based Approach to Counterinsurgency," *Prism1*, No.3. Available at http://cco.ndu.edu/Portals/96/Documents/prism/prism_1-3/Prism_129-138_Stuebner_Hirsch.pdf (February 22, 2017).

35——USAID, Philippines, "Country Development Cooperation Strategy 4/2013-4/2018." Available at https://www.usaid.gov/sites/default/files/documents/1861/CDCS%20Philippines%202013-2018.pdf (February 22, 2017).

36——The Foreign Affairs and National Defense Division, Congressional Research Service, "The Asia Foundation: Past, Present, and Future," U.S. GPO, 1983. Available at https://babel.hathitrust.org/cgi/pt?id=pur1.32754077268153;view=1up;seq=1 (February 22, 2017).

37——The Asia Foundation, "Six Decades in Asia," September 29, 2014. Available at https://asiafoundation.org/resources/pdfs/6DecadesInAsia.pdf (February 22, 2017).

38——Wilfredo Magno Toress III, *Rido: Ckan Feuding and Conflict Management in Mindanao* (Ateneo de Manila University Press, 2014).

39——The Asia Foundation, "Conflict Management Program in the Philippines," August 2, 2010. Available at http://pdf.usaid.gov/pdf_docs/Pdacs755.pdf (February 23, 2017).

40——G. Eugene Martin and Astrid S. Tuminez, "Toward Peace in the Southern Philippines," pp.4-5.

41——「平和と安定のためのミンダナオ支援パッケージ」二〇〇二年一二月四日。http://www.mofa.go.jp/mofaj/area/philippines/mindanao.html（二〇一七年二月二三日最終確認）。

42——「政府開発援助大綱の改訂について」二〇〇三年八月二九日。http://www.mofa.go.jp/mofaj/gaiko/oda/shiryo/hakusyo/04_hakusho/ODA2004/html/honpen/hp203010000.htm（二〇一七年二月二三日最終確認）。

43——Lam Peng Er, *Japan's Peace-Building Diplomacy in Asia* (Routledge, 2009), pp.81-83.

44——福永敬『ミンダナオ和平』、四八〜四九頁。

45——上杉勇司、「和平支援での外交と開発の連携——ミンダナオ和平における『平和の配当』の活用と国際監視団の役割」『海外事情』、二〇一五年一〇月、一二頁。

46——福永敬『ミンダナオ和平』、五一〜五二頁。

47——ダト・サヌシ国際監視団副団長、筆者インタビュー、二〇一六年三月一六日。

48——Conciliation Resources, "Innovation in Mediation Support: The International Contact Group in Mindanao," July 2013, pp.1-3. Available at http://www.c-r.org/downloads/PracticePaper_MindanaoICG_ConciliationResources_0.pdf (February 23, 2017).

49——Ibid., p.3.

50——「平和と安定のためのミンダナオ支援パッケージ」二〇〇二年一二月四日。

51——ライザ・アラミアＡＲＭＭ自治区事務局長、筆者インタビュー、二〇一六年三月一五日。

52——モハゲル・イクバル移行委員会委員長、筆者インタビュー、二〇一六年三月一七日。

53——サフルラー・ディパチュアン・バンサモロ開発庁理事長、筆者インタビュー、二〇一六年三月一四日。

54——同上。

55——ギャザリー・ジャーファーＭＩＬＦ第一副議長、筆者インタビュー、二〇一六年三月一六日。

第5章

災害救援活動における民軍連携と日米同盟

――台風「ハイヤン」のケース

山口昇
YAMAGUCHI Noboru

はじめに

二〇一三年一一月八日から九日にかけて、超大型台風「ハイヤン」(現地名ヨランダ)がフィリピン中部を横断した。風速六五mの強風と猛烈な降雨に加え、六mに及ぶ高潮が海岸地区を襲い、津波と同様の被害をもたらした。フィリピン政府によれば、死者六三〇〇名、負傷者二万八六八九名、行方不明一〇六一名、全半壊家屋一一〇万戸という被害を出した他、被災した地域の住民四〇〇万人が避難を余儀なくされた[1]。

被災地においては、国軍を含むフィリピン政府関係機関の他、五七カ国(内二九カ国は軍を派遣)、国連関係機関をはじめとする国際機関、フィリピン国内外のNGOを含む数多くのアクターが支援にあたった[2]。これらの多様な機関が行う救援活動を調整するためには、参加する各国とフィリピンの間での国際的な調整、各国軍と

図1　台風ハイヤンの進路［4］

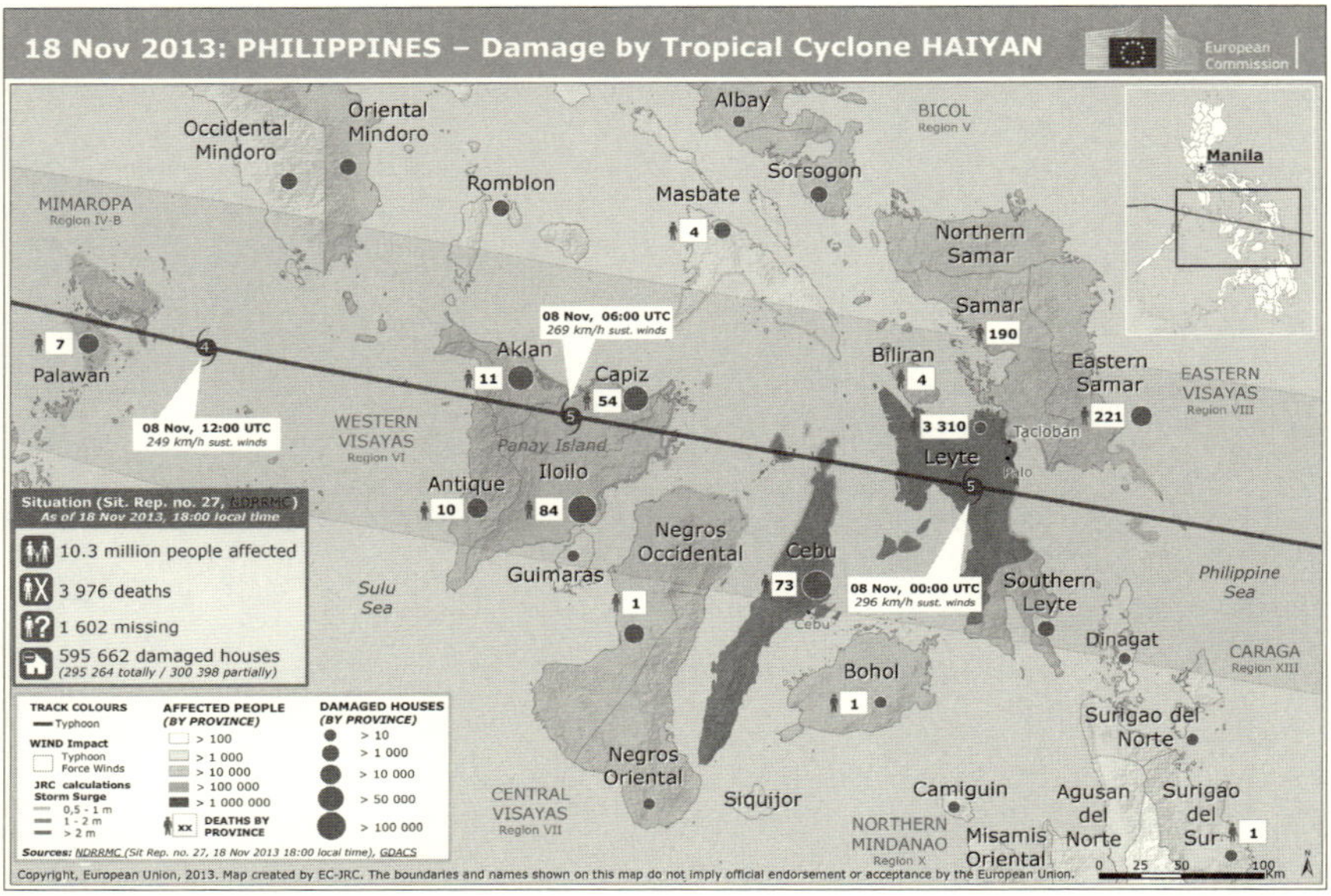

出典：Global Disaster Alert and Coordination System　http://www.gdacs.org/report.aspx?eventtype=TC&eventid=41058&episodeid=32（2017年2月25日最終確認）.

フィリピン国軍との間での調整、さらには国際機関、政府機関、非政府機関など様々な文民機関と軍との間での調整が必要であった。特に、交通、電力、給水、医療などの重要インフラが破壊されたため初期の救助活動においては軍による航空輸送、医療支援、道路の瓦礫除去などに依存せざるを得ず、フィリピン政府及び国軍を中心とする、いわゆる民軍連携・調整（Civil-Military Cooperation Coordination）が活動を円滑なものとする鍵となった。

　米軍及び自衛隊の視点に立てば、それぞれ沖縄所在の海兵隊などからなる統合任務部隊JTF505（Joint Task Force 505）、海上自衛隊の護衛艦「いせ」をはじめとする陸海空自衛隊部隊からなる統合任務部隊JTF－PDR（フィリピン共和国における国際緊急援助隊）を派遣し、フィリピン政府及び国軍をはじめとする多国籍の多様な支援機関と連携しつつ救援活動を行うという、きわめて複雑なオペレーションとなった。被災地のインフラが破壊され、膨大な数の被災者が救助を待つ中、救助する側も多種多様なアクターが殺到するという混沌であった。このような中、首都マニラ(具体的にはケソン市内アグイナルド国軍基地)及び被災地の中心都市タクロバン、セブ、ロハスなどに設置された調整所を介しての多国間調整は比較的円滑であったと評価されている[3]。

この背景にはいくつかの要素がある。その第一は、フィリピン政府として、国家及び各地方レベルにおける災害リスク軽減管理(Disaster Risk Reduction Management:DRRM)評議会を中心とする関係機関の協力態勢を整えていたことである。国軍や国家警察、消防などを含む中央・地方政府関係機関、民間企業、NGO、市民社会など多様なアクターが災害救援の場で連携・調整できるシステムが整備されていたことの意味は大きい。第二に、フィリピン国軍がASEAN諸国や日本、米国、豪州などとの間で開催される共同訓練等への参加経験が豊富であり、多国間の軍・軍調整に長じていたことがあげられる。第三に、フィリピン国軍を含め救援活動にあたった軍の多くは米国の同盟国あるいは友好国の部隊であり、行動の手順や通信の方式などにおいて共通点が多く、また、平素から共同訓練などを通じて相互の理解を深めていたため、相互の連絡が容易であったことが指摘できる。

第三の事例を扱う本章では、フィリピン、日本及び米国の国際的な災害救援のための態勢を概観した上で、台風「ハイヤン」に際する救援活動に際して行われた国際的な民軍連携・調整及び日米間の連携・調整の実態を観察し、今後このような活動に参加するに際して留意すべき事項を抽出する。

1 背景

近年、我が国を含む東アジア諸国において、自然災害に際する国際協力の必要性に関する認識が高まりつつある。二〇一三年に台風「ハイヤン」がフィリピンに上陸するまでの約一〇〜二〇年、特に災害救援に際しての、政府機関（軍を含む）、NGO、国際機関、市民社会など多様なアクターによる協力に対する関心が高まってきた。なかでも軍は、社会インフラに依存することなく行動できるよう編成され、装備を有しているため、激甚な災害に際して交通や給水などの社会インフラが破壊された状況下では、他にない能力を発揮できる。このような能力を災害救援のために活かすことを狙いとして、近年軍と軍以外の災害救援関連機関との間での協力、すなわち民軍連携という分野が注目されつつある。本節では、特に一九九〇年代以降における民軍連携の動向、フィリピン政府、自衛隊、米軍が行う災害対処関連施策、ならびに国際的災害救援に際する日米連携の状況を観察して、二〇一三年の台風「ハイヤン」における活動の背景となった事項を明らかにする。

◆民軍連携による人道支援・災害救援活動に対する関心の高まり

南太平洋からインド洋にかけての地域は、台風、地震、津波などの自然災害が頻発する地域である。国連大学の「世界リスク報告書」二〇一六年版によれば、災害リスクが最も高い二〇カ国中一二カ国はこの地域にあり、フィリピンは三番目、日本も一七番目に挙げられている[5]。特に東南アジア諸国は、経済の発展にともなう都市部への人口集中によって、人口稠密な社会に独特の災害に対する脆弱性を増してきた。また、人口の大部分が海岸に近く標高の低い地域に集中していることから、台風や津波による被害の危険も大きい。フィリピンなど島嶼の多い国にとっては、気候変動に起因する潮位の上昇や台風などの激甚化も深刻な懸念材料となっている[6]。

このようなことを背景として、近年、ASEANを中心として、軍を含む関係機関による国際的な災害救援協力に対する関心が高まってきた。拡大ASEAN国防相会議（ASEAN Defense Minister Meeting Plus：ADMMプラス）の下に設けられた人道支援・災害救援専門家会合においては、災害救援に任ずる各国軍による活動を効率化するための多国間調整所（Mulri National Coordination Center：MNCC）の設置及びその運営に関する標準手続き（Standing

Operational Procedure：SOP）などの策定に向けての協議が進められている[7]。また、二〇一五年八月には、日本とともに同専門家会合の共同議長をつとめるラオスにおいて、人道支援・災害救援に関する机上演習が行われ、策定中のSOPを検証した。

一方、自然災害に際する救援活動のために外国の軍隊を受け入れるのは比較的最近の傾向である。国際的な人道機関、他国政府の救援チーム、NGOなどの文民組織はともかく、他国の軍隊が自国の領域内に入るということに対する心理的な敷居は高い。また、そもそも自然災害への対応は一義的に自国の政府や地方公共団体の責任であり、他国に依存することに対する抵抗感が根強く残っていたからである。

このことは日本にも当てはまった。阪神淡路大震災に際して米軍が空母「インディペンデンス」による支援を申し出た際、政府はこれを断っている[8]。しかし、二〇一一年三月一一日に発生した東日本大震災に際しては、最大時で人員一万六〇〇〇名、空母「ロナルド・レーガン」はじめ艦艇一五隻、航空機約一四〇機による支援を受け入れた。また、その他多くの国から派遣された軍の救援チームも被災地で活動した[9]。

アジア太平洋地域においては、災害救援に際し、軍特有の能力を活用することを含め、国際的な協力を得ることの意味についての理解が深まり、他国の軍隊に援助を要請することを肯定的にとらえる機運が醸成されてきたといえる。

◆フィリピンにおける災害対処体制

台風、地震などの自然災害が頻発するフィリピンでは、早くから国家レベルでの災害対応への体制が整備されてきた。現在では、国家レベルでの調整・監督機関として閣僚級のメンバーによる国家（National）災害リスク軽減管理（DRRM）評議会が置かれ、その事務局として、国防省に市民防衛局（Office of Civil Defense：OCD）が設置されている。この体制の原型が定着したのは一九七八年のことである。大統領令一五六六（Presidential Decree 1566）

によって、国家DRRM評議会の前身にあたる国家災害調整評議会(National Disaster Coordinating Council:NDCC)とその事務局であるOCDの役割が明らかにされたことにより、国家としての体制が整った[10]。

この体制は今世紀に入り抜本的に改革される。災害が発生してから対処するという受動的な対応策だけでなく、災害を予防し、あるいはリスクを軽減するといった積極的な施策の重要性が広く認識されるようになり、また、一九七〇年代以来の国家レベルにおける調整を中心としたトップダウンのアプローチに加え、地方政府や市民社会が積極的に参加して災害に対する強靭性を増す、ボトムアップ・住民参加型の積極的な防災・減災対策が不可欠であるとの合意が形成されたからである。このような議論の集大成として「フィリピン災害リスク軽減管理法(共和国公法一〇一二一)」が二〇一〇年に施行される[11]。同法により、中央レベルで調整の主体となる関係機関の数はそれまでの一九から四四に増加した。現在の国家DDRM評議会には、保健省、公共建築物・道路省など関係省庁の長官をはじめ国家警察総監、国軍参謀長など中央政府機関の代表者の他、州(Province)、市(City)、町(Municipality)、バランガイ(Barangay)それぞれのレベルにおける地方政府の代表者、NGOや教会といった市民社会の代表者などが含まれることとなった[12]。災害に際して国家レベルにおける調整の中枢となる対策本部は、国軍の参謀本部が所在するアグイナルド基地におかれ、平素から、関係機関の担当者が訓練や調整のために参集している。

州、市・町など数層に渡る地方自治のレベルにおいても地方DRRM評議会が設置され、災害対処の計画、防災減災に関する施策の推進や住民教育などを行なっている。州政府レベルでは、災害対処や防災・減災のために中央と同様、関係政府機関地方部局の他、地方に所在する国軍の部隊や消防当局などが相互に協力できる仕組みを整えている。最も低いレベルはバランガイと呼ばれる千人単位の集落であり、参加型(participatory)あるいは地域社会に根ざした(community-based)DRRMという考え方が体現されている。バランガイでは、選挙によって選ばれる首長(captain)が中心となり、集落内のリスクマップを作成して洪水や崖崩れなどの要注意箇所をチェックし、これを住民に周知し、あるいは各戸毎に幼児や老人など災害弱者の所在を把握して救助に備えるなどの施策を講じている。また、バランガイ毎に非常用の食料などを備蓄して、市町、州、国からの支援が届くまで持ち堪える準備をしている。バランガイレベルにおける対策は、州や町の行政組織が支援する場合もあるが、DRRMを専門分野とするNGOの専門家がバランガイの要請に基づき、リスクマップの作成や危険地域からの家屋移転などを支援して、防災・減災の実効性をあげているケースも多い[13]。

◆自衛隊の国際緊急援助活動

自衛隊が国際緊急援助活動に参加する枠組みがつくられたのは一九九二年のことである。我が国は一九八七年に「国際緊急援助隊の派遣に関する法律(昭和六二年法律第九三号)」(国際緊急援助隊法)を施行し、被災国または国際機関などの要請に応じて国際緊急援助活動を行ってきた。一九九二年、国際緊急援助隊法が一部改正され、自衛隊が国際緊急援助活動に従事し、あるいはそのための人員や機材などの輸送を行うことが可能となった。以来、自衛隊は活動地域のインフラに依存することなく救援活動を行う態勢を維持しており、特に①応急治療、防疫活動などの医療活動、②ヘリコプターなどによる物資、患者、要員などの輸送活動、③浄水装置を活用した給水活動については、要請に応じて速やかに出動する態勢を維持してきた。また、これらの救援部隊の人員や物資を海上自衛隊の艦艇、航空自衛隊の輸送機などにより支援する態勢も維持されている。

このように自衛隊は、一九九二年以来国際緊急援助隊への参加のための即応態勢を維持してきたが、初めて実任務に就いたのは六年後の一九九八年、しかも遠く中米のホンジュラスにおけるハリケーン災害に際してのことであった。我が国との関係が深い地域において、自然災害に際して自衛隊や他国軍による支援を要請するというケースが稀だったからである。また、第二次世界大戦の戦場になったアジア地域においては、日本の軍事組織を領域内に受け入れることに対する心理的な抵抗も残っていると考えられていた[14]。このような事情もあり、アジアでの活動は、国際緊急援助隊法改正から一二年後にあたる二〇〇四年一二月二六日にスマトラ沖で発生した地震・津波に際する災害救援活動が最初のものとなる。約千名からなる陸海空自衛隊の派遣部隊は二〇〇五年三月まで現地で救援活動に従事した。この間、陸上部隊は、被災地に宿営地を設けることなく、アチェ沖の海自艦艇を活動拠点としてヘリコプター及びエアクッション艇で被災地に通う形で支援を行った。このため、第二次世界大戦間、日本軍が支配していた地域における住民感情という微妙な問題を深刻に考慮する必要はなかった。翌二〇〇六年六月、同じくインドネシアのジョクジャカルタ州で発生した大規模地震に際しては、被災地に医療用テントを設置して医療支援を行った。我が国政府は、スマトラ沖地震では発災約一週間後の一月三日にインドネシア政府の援助要請を受けているが、ジョクジャカルタのケースでは、発災二日後には要請を受領した。外国からの支援、特に他国の軍隊による支援に対する心理的な敷居が低くなったと理解することができる。

日本人から見れば意外なことかもしれないが、東南アジアにおける自衛隊の活動を考える場合、七〇年以上前の第二次大戦の記憶という点を見逃してはならない。台風「ハイヤン」に際して自衛隊が救援活動を行ったレイテ島では、戦争末期、圧倒的に優勢な米軍との間で激戦が行われた。日本軍にとっては負け戦である。自分自身を守ることに汲々とする軍隊が地元住民に対して優しく接することは難しい。フィリピン、特にレイテ島は、東南アジアの中でも日本軍に対する否定的な記憶がもっとも遅くまで残った地域のひとつだったのかもしれない[15]。被災二ヶ月後の二〇一四年一月、東京で台風「ハイヤン」に際する救援活動についての日米比ワークショップが行われ、三国から政府・軍の関係者、国際機関やNGOの代表者が参加して救援活動から得た教訓を議論した。ワークショップの閉会にあたり、マニュエル・ロペス駐日フィリピン大使は、スピーチの中で「かつて日米両軍が死闘を繰り広げたレイテ島の沖に、米海軍の艦艇と自衛隊の部隊が集い、ともに友邦フィリピンの救援にあたる姿は(第二次大戦後の)驚くべき和解を想起させた」と述べ、かつての敵がわだかまりを払拭しきったことへの感慨を語った[16]。

◆アジア太平洋地域における米軍の災害救援活動

米軍は特に一九九〇年以降、海外人道支援（Foreign Humanitarian Assistance）活動に積極的に取り組んできた。二〇〇一年、統合参謀本部（Joint Chiefs of Staff）は『海外人道支援のための統合戦術・技術及び手続き（Joint Tactics, Technics, and Procedures for Foreign Humanitarian Assistance）』と題する統合マニュアル（Joint Publication）を公表して、陸海空軍・海兵隊を有機的に行動させるためのドクトリンを明らかにした[17]。このマニュアルは、二〇〇九年と二〇一四年に改訂され、米国国際開発庁（U.S. Agency for International Development：ＵＳＡＩＤ）を中心とする米政府関係機関、国際機関、他国の政府機関、非政府機関などとの調整・協力を含めた広範な活動を律する『海外人道支援（Foreign Humanitarian Assistance）』へと進化した[18]。米軍にとって、海外人道支援とは、米国領域の外において、人道的な苦難、疾病、飢餓、欠乏を直接的に救済もしくは軽減するために米軍固有の独特の能力を活用して行う活動であり、通常はＵＳＡＩＤなど米政府の関連機関を支援するために行われる。また、太平洋軍のような地域担当統合軍が担当戦域内における特定の目標達成のため、例えば、「国家の安定化を目的として行う安全保障協力プログラムの一環として」実施されるものと規定されている[19]。

アジア太平洋からインド洋にかけての地域を担任する米太平洋軍は、特に一九九〇年代以降域内における災害救援活動に積極的に関与してきた。ランド研究所の報告書『アジア太平洋地域における国防省災害救援活動の教訓』によれば、世界の自然災害の六割以上はこの地域で起きており、米太平洋軍としても二〇〇九年までの約二〇年の間で四〇回に及ぶ人道支援・災害救援活動に参加している[20]。この背景には、米軍の持つ独特な能力、すなわち①艦艇・航空機による大量の物資・人員輸送能力、②兵站専門部隊によるサプライチェーン提供能力、③工兵、通信、衛生部隊などによるインフラ回復能力などが特に被災直後の救援活動にとって極めて有用であるという事情がある[21]。①項の航空機のうち、特に垂直離着陸が可能なヘリコプターやオスプレイは、大規模災害によって交通インフラが破壊された環境における救援活動の初期において、物資や救助要員を被災地に供給するための唯一の手段となるケースが多く、重要な役割を果たしてきた。

東アジアにおける米軍の国際的災害救援活動を概観すれば、在日米軍基地をはじめとする米軍の前方展開基地とこれらを根拠地とする前方展開部隊が果たす役割の大きさが理解できる。二〇一四年の台風「ハイヤン」に際し、沖縄に駐留する海兵隊が中心となってフィリピンの被災地に急行したことは後に詳述するが、同じ海兵隊の部隊は、一九九一年のバングラデシュ台風、二〇〇四年のスマトラ沖地震、さらには二〇一一年の東日本大震災に際しても救援活動を行っている。これら米軍がおこなった救援活動のもっとも大きな特色は、部隊の被災地到着が早いという点にある。例えば、横田基地などの空軍部隊、横須賀及び佐世保を母港とする海軍艦艇、座間基地や沖縄の各基地の陸軍・海兵隊の部隊は、東アジアの被災地近くに所在しており、また、輸送機や揚陸艦などが近傍にあることから迅速に展開することができる。また、沖縄を根拠地とする第三一海兵遠征隊(31st Marine Expeditionary Unit:31MEU)は二～三〇〇〇人規模、大佐を指揮官とする指揮機関、歩兵大隊を中心とする戦闘部隊の他ヘリコプター部隊及び後方支援部隊からなる独立行動能力の高い部隊であり、かつ、日頃から佐世保を母港とする水陸両用戦隊所属の艦艇に乗艦して東アジア各地を遊弋《ゆうよく》していることから、常に緊急事態に対応できる態勢にある。

二〇〇四年一二月二六日のインドネシア・スマトラ沖大規模地震及びインド洋津波(以下スマトラ沖地震)に際する災害救援活動では、沖縄に所在する第三海兵遠征軍(III Marine Expeditionary Force:ⅢMEF)の司令官であるロバート・ブラックマン中将が支援に任ずる米軍部隊の総指揮官としてタイのウタパオ海軍基地に進出して救援活動を指揮した。現場で活動したのは、同じく沖縄を根拠地とする31MEUの他、発災当時香港に寄港中だった空母「エイブラハム・リンカーン」を旗艦とする機動部隊であり、海軍艦艇二五隻、沿岸警備隊巡視船一隻、固定翼航空機四五機、ヘリコプター五八機からなる大規模な部隊だった[22]。この他グアムを根拠地とする海兵事前集積船団も被災地沖に急行し、米軍救援部隊が使用する重機や支援物資を輸送した。この間、日本としてもタイ及びインドネシアの政府からの要請に基づき、海上自衛隊の艦艇、航空自衛隊の輸送機、陸上自衛隊の衛生部隊などを派遣し、主としてインドネシア西部のアチェ地域で救援活動を行った。

二〇一一年三月一一日に我が国を襲った東日本大震災では、米太平洋艦隊司令官パトリック・ウォルシュ大将を指揮官とする統合支援部隊(Joint Support Force)が編成され、最大時で将兵約一万六〇〇〇名、空母「ロナルド・レーガン」をはじめとする艦艇一五隻、航空機約一四〇機が支援活動に従事した[23]。「トモダチ作戦」である。この間、自衛隊も一三日までに五万人、一八日までに一〇万人を派遣、最大時で隊員約一〇万七〇〇〇名の態勢をとるとともに、航空機約五四〇機、艦艇約六〇隻を派遣して救援活動にあたった。また、米国政府は、原子力委員会、エネルギー省、海軍から原子力の専門家を派遣して福島第一原子力発電所事故への対応を支援した。日米両国がこれほどの規模で、かつ広範な分野において共同対処したのは初めてのことだった。震災の後、六月に開催された日米安全保障協議委員会(いわゆる2+2)において両国の外務・防衛担当閣僚は、「大規模な共同対処の成功は、長年にわたる二国間の訓練、演習及び計画の成果を実証した」と述べるとともに、自衛隊と米軍が市ヶ谷、横田及び仙台に「意思疎通及び運用調整の中心としての日米調整所を立ち上げた」ことに言及し、「この経験は、将来あらゆる事態への対応のモデルとなる」と述べている[24]。実際、トモダチ作戦は、陸海空にわたる人員や物資の輸送、被災地における救援物資の配布、被災者に対する医療支援、被災地復旧のための施設作業、長期にわたって被災地で活動する人員に対する支援など、ほぼ有事同様といえるほどの後方支援所要をともなうものであった。

二〇一二年末以降、米太平洋軍の災害救援に対する即応態勢はさらに強化される。太平洋軍は、二〇一二年秋、ⅢMEF隷下にある第三海兵遠征旅団(3rd Marine Expeditionary Brigade:3MEB)を緊急事態即応海兵空地任務部隊(alert contingency Marine Air-Ground Taskforce:ACM)として正式に指定し待機させることとした。これにより、准将を指揮官とする指揮機関、歩兵を中心とする陸上部隊、ヘリコプターやオスプレイなどを装備する航空部隊、これらを支援する後方支援部隊が二四時間、三六五日即応態勢で待機することとなった。

◆災害救援活動における日米連携と多国間軍民連携

日米両国、特に自衛隊及び米軍は、右に述べたスマトラ沖地震(二〇〇四年一二月二六日)及び東日本大震災(二〇一一年三月一一日)に際する救援活動を通じて、多様なアクターと協力しつつ活動にあたるための調整・連携という意味で多くの教訓を得た。すでに議論してきた通り、大規模な災害に際しては、被災国の中央政府をはじめ軍、警察、消防などの政府機関の他、国連人道問題調整事務所(United Nations Office for Coordination of the Humanitarian Affairs:UNOCHA)や国際赤十字などの国際機関、各国政府が派遣する軍や政府の関連機関、さらには国内外から自発的に救援活動に参加するNGOまで、任務、性格、規模の異なる様々な団体が救援活動にあたる。このような環境で国家と国家、政府機関と非政府機関、軍と民が連携するために調整することは容易ではない。先に紹介した米軍のマニュアル『海外人道支援』は救援活動に参加する「各関係機関の戦略的目標や行動の手順は、同じであるはずはなく、比較すらできないかもしれない。しかしながら緊密に協力し、周到に計画すれば、複雑で困難な状況の下でも関係者すべてが救援活動成功のために貢献することができる」と述べている[25]。

二〇〇四年のスマトラ沖地震に際して、ⅢMEF司令官ブラックマン中将を指揮官とするJTF536が行った調整活動は、米軍が持つ優れた情報集約機能と通信能力を活用した好例といえる。ブラックマン中将は、米軍が一九八二年以来タイ王国軍との共催で実施してきた「コブラゴールド」多国間共同訓練の経験から、タイ南部のウタパオ海軍基地にJTF司令部を置くことを決定、一月二日には先遣隊とともに現地に到着して、連合調整センター(Combined Coordination Center)を設置し、タイ、インドネシア、スリランカにわたる被災地域全般における情報の集約と活動の調整にあたった[26]。また、米軍部隊のうちスリランカに派遣されたグループは、現地に民軍オペレーション・センター（Civil Military Operation Center：CMOC）を開設して、NGOを含め現地で活動する関係機関が補給物資の配分など緊急に必要な活動に関する情報を共有するための中心的な組織とした[27]。前述の米軍マニュアル『海外人道支援』によれば、CMOCは、災害救援などに任ずる米軍部隊が設立する組織であり、「米軍、派遣先の住民および自治組織、民間、政府機関、NGO、他国の軍、および米国の関連政府機関が行う活動の調整を計画し、実行を容易にする」ことを目的とする[28]。スリランカでは、米軍の他、英国、パキスタン、インド、カナダなどの軍が救援活動にあたっており、米軍支援グループが設立したCMOCが情報共有の中心となった。

そもそもⅢMEFの司令部は、一～二万人規模の海兵師団一～数個及び一〇〇機以上からなる海兵航空団とこれを支援する戦闘兵站群を含む、最大五万人規模の海兵空地任務部隊を運用するための指揮・統制・通信・情報・監視・偵察能力を持っている。さらに同司令部は、米軍が持つグローバルな情報通信ネットワークに支えられている。このような能力は、甚大な被害を受けて被災情報の収集・伝達すらままならない状況下では稀有であり、JTF536の指揮所は自然に各国の支援機関が頼りにする情報集約の中枢となった。自衛隊は、隣国インドネシア西端に位置するアチェ地方を中心として救援活動にあたったが、同地域の状況に関しても、ウタパオで得られる情報は貴重な判断材料となった。二〇〇五年版『日本の防衛』は、「ウタパオなどに統幕要員及び各自衛隊から派遣された連絡幹部をもって統合連絡調整所を開設」したことを特記している。ウタパオに派遣された連絡官は、JTF536司令部において、タイのみならず、インドネシア、スリランカを含む被災地域全体の被災状況や米軍を含む関係各機関の活動状況を把握することができた。

東日本大震災においては、スマトラ沖地震のケースとは対照的に、被災国である日本の中央政府及び地方自治体が中心となって災害救援活動を行い、自衛隊及び米軍を含む各国軍の救援部隊はその中に組み込まれて活動した、いわば民主導の民軍連携の典型であった。二〇一一年三月一一日午後二時四六分発災、午後三時一四分には内閣総理大臣を本部長とする史上初の緊急災害対策本部が設置された。被災地域の地方自治体においても首長を本部長とする災害対策本部が設置され、救援活動の中心的な役割を負った。一方、政府としても内閣府副大臣を長とする現地対策本部を宮城県に設置した他、岩手、福島両県に対しても政府調査団を派遣し現地対策連絡室を設置した。

自衛隊は、これら政府及び各地方自治体の対策本部にプラグインする形で関係機関との調整を図った。また、米軍は、自衛隊の各級司令部におかれた共同調整所を通じて、自衛隊の民軍調整パイプに連接する形をとった。市ヶ谷の防衛省には在日米軍副司令官を長とするグループが、横田の米統合支援部隊司令部には陸上幕僚監部防衛部長を長とするグループが、また、仙台には3MEB司令官を長とするグループがそれぞれ派遣され、情報共有を図るとともに米軍及び自衛隊の行動を調整した。

自衛隊救援部隊を指揮するための現地での中枢は仙台だった。統合任務部隊(JTF-T)指揮官に指定された陸上自衛隊東北方面総監は、総監部が所在する仙台駐屯地に指揮所を開設するとともに、総監部幕僚副長を長とする連絡調整所を宮城県庁に設置して、政府現地対策本部及び宮城県対策本部との情報共有と調整にあたった。また、岩手、福島両県においてもそれぞれ第九師団、第一二旅団の司令部が県庁におかれた県対策本部との調整にあたった。

この間、自衛隊と米軍は平素から構築してきた協力関係を基礎として密接に連携した。陸海空自衛隊、米陸海空軍・海兵隊が平素から相互に派遣している連絡官は、日米間調整上重要な役割を果たした。先に引用したランド研究所の報告書『アジア太平洋地域における国防省災害救援活動の教訓』は、市ヶ谷、横田及び仙台に設置された日米共同調整所におけるコミュニケーションに加えて米軍及び自衛隊が平素から相互に配置している連絡官の役割が重要であったことを指摘し、米陸軍四名、海兵隊一名の連絡官が陸上自衛隊の各司令部に配置されている一方、自衛隊の連絡官も太平洋軍隷下の各部隊の司令部に配置されていることに言及している[29]。同報告書によれば、太平洋空軍司令部に派遣されている航空自衛隊連絡官は、トモダチ作戦の期間中、終始、同司令部のオペレーション・センターで勤務し、太平洋空軍司令官のアドバイザーとしての役割を果たした。

2　台風「ハイヤン」に際する救援活動

前節で論じた通り、日米両国、特に自衛隊と米国は、スマトラ沖地震、東日本大震災をはじめとする激甚災害対処の経験を通じて、相互に連携する要領を洗練させてきた。一方、フィリピンも長年にわたって災害リスク軽減管理（DRRM）の態勢を充実させてきた。暴風による高潮（storm surge）という警告が国民にとって馴染みがなく、六mを超す津波に等しい現象を実感できなかったという事情もあり、被害は七〇〇〇名を超す死者・行方不明者を含む深刻なものとなった。とはいえ、全半壊家屋一一〇万戸、被災住民四〇〇〇万人という被害の広範さを勘案すれば、被災予想地域の住民を事前に避難させるなどの施策が功を奏したと考えることもできる。

◆フィリピン政府の対応と民軍連携及び多国間調整

前述の通り、フィリピンにおける災害リスク軽減管理（DRRM）の態勢は、国家レベルから最小の自治体にいたるまで、また、軍を含む政府機関からNGOや市民社会まで、関係者を網羅した全員参加型のものとなっている。台風「ハイヤン」に際しても、このシステムが動員され、台風上陸以前から様々な施策が講じられた。

台風上陸の三日前にあたる一一月五日、国家DRRM評議会は、台風の進路と予想される地域の地方DRRM評議会に対して、災害に備えるために必要な措置を講じるとともに、各地域のオペレーション・センターを警戒態勢に置くよう指示した。翌六日には閣僚級から構成される国家DRRM評議会が開催され、国軍などが即応態勢にあること、消防局、公共建築・道路省、国家警察などが施設機材、救助機材、捜索用機材などを事前配置したこと、また、農業省などが緊急用食料を被災予想地に事前配置したことが確認された。台風上陸前日の七日には、国家DRRM評議会議長と内務・自治大臣がタクロバンに赴いて災害対策の準備状況を確認するとともに、タクロバンをはじめ、レイテ地方やサマール地方における住民の事前避難開始を指示した[30]。また、フィリピン政府災害対応チーム、医師、保健省関係職員、国連災害評価チームなどが予想される被災地に派遣された[31]。台風が上陸する前のことである。

台風上陸の翌九日、軍用機によるタクロバン空港使用が可能になり、フィリピン空軍のC－130輸送機などによる救援物資や人員の空輸が開始された。福祉・開発省長官、国家DRRM評議会事務局長、軍参謀本部危機対処チームなどが最初のフライトで現地入りし、タクロバンに事態対応指揮所（Incident Command System）を設置した[32]。同日、アキノ大統領は、ケソン市のアグイナルド基地に主要閣僚を招集して対策を協議した。同基地には、国家DRRM評議会のオペレーション・センターが常設されており、国防省の市民防衛局が同評議会の事務局としてセンターの管理運営にあたっていた。以後、同基地はフィリピン政府としての災害救援活動調整の中心となる。被災地となった東ヴィサヤ地方、中部ヴィサヤ地方、西ヴィサヤ地方では、それぞれタクロバン市、ロハス市、セブ市などに、地域の特性に応じた地方DRRM評議会が設置され、災害救援活動の調整を行った。

多国間の活動を調整するという視点では、多国間調整所（Multi-National Coordination Center：MNCC）、現地活動調整センター（On-Site Operation Coordination Center：OSOCC）及びクラスター会議が重要な役割を果たした。マニラ（アグイナルド基地）とセブにはフィリピン国軍が中心となってMNCCを設置し、各国から派遣された軍の救援部隊や官民の救助機関の間での情報共有及び活動調整の場とした。また、タクロバンの事態対応指揮所にはOSOCCが併設され、活動の詳細が調整された。さらに、救援活動調整の中心となったマニラ、セブなどにおいては、国連人道問題調整事務所(UN Office for the Coordination of Humanitarian Affairs:UNOCHA)及びフィリピン政府が食糧、医療、避難所など支援の分野毎のいわゆるクラスター会議を主催して、救援活動にあたる各機関に情報を提供するとともに、活動の調整を図った。自衛隊の派遣部隊は、マニラ及びセブのMNCCに連絡官を派遣して活動全般の調整にあたるとともに、タクロバンのOSOCCにおいて具体的な活動の調整を行った。また、セブにおいて保健省が定期的に開催するクラスター会議に医療要員を参加させて、自衛隊医療部隊の医療・防疫などの活動を調整した。

災害救援活動に際しては、世界各国から届く救援物資を受け入れ、これを配布する仕組みが重要となる。この点、フィリピン政府は、マニラ国際空港及びセブ島のマクタン国際空港に国際救援物資を取り扱うためのワンストップショップを開設してハブにするとともに、タクロバンなど被災地の主要都市五か所に救援物資の集配点を設けて国際的な物流を確保した。ワンストップショップは、国外から届けられる救援物資の通関や検疫などに関する手続きを同一カ所で一括して行うことにより救援物資を円滑かつ迅速に被災地に配布するための仕組みである。同ショップでは、財務省リードの下、福祉・開発省、エネルギー省、保健省、農業省、国防省など政府関係機関の代表が二四時間態勢で救援物資の受け入れ・発送業務を進めた[33]。

◆自衛隊の災害救援活動

我が国政府は、フィリピン政府からの支援要請に基づき、一二日、自衛隊による国際緊急援助活動を実施することを決定し、まず医療チームを先遣してタクロバン、セブなどにおいて医療活動を行った。ついで、現地における被害状況が激甚であることなどに鑑み、体制を拡充し、一七日には、国際緊急援助隊では最大規模の約一一〇〇名からなる「フィリピン共和国における国際緊急援助隊(JTF-PDR)」を編成した。JTF-PDRの隷下には、護衛艦「いせ」、輸送艦「おおすみ」、補給艦「とわだ」、海上自衛隊のSH-60ヘリコプター二機、陸上自衛隊のUH－1多用途ヘリコプター三機及びCH－47輸送ヘリコプター三機、航空自衛隊のKC－767給油輸送機二機、C－130輸送機六機などが置かれた。JTF－PDRの主力は、二二日までに現地に進出して活動を開始、一二月一三日まで活動した。この間、のべ二六四六名の診療、約九万五六〇〇㎡の地域における防疫、一万一九二四名に対するワクチン接種、約四六〇トンの物資及びのべ二七六八名の人員の空輸を行った[34]。この間、我が国の国際協力機構（Japan International Cooperation Agency：JICA）が派遣したの援助隊は、のべ三三〇〇名を診療するとともに、テント五〇〇張り、浄水器二〇セット、非常用電源二〇機などの援助物資を提供した[35]。

　活動の間、防衛大臣直轄のフィリピン現地運用調整所をマニラ（アグイナルド基地）に設置して、駐フィリピン日本大使館及びJICAと連携しつつ、同基地に設置されたMNCCを通じてフィリピンの関係機関や関係国との調整を行った。また、英国から派遣された空母「イラストリアス」と護衛艦「いせ」の間で相互に連絡官を派遣し行動を調整した。さらに、自衛隊に先立って現地に展開した米軍との間においても、派遣前から緊密に連携し、情報を共有している。米太平洋軍が3MEBの派遣を決定した一〇日、岩田清文陸上幕僚長は、ⅢMEF司令官ジョン・ウィスラー中将とともにハンセン米海兵隊基地を視察しており、その際、米太平洋軍の災害救援態勢やフィリピンの被災状況などについて意見を交換し、その結果を電話で岩崎茂統合幕僚長に報告している。また、JTF－PDRの指揮官に指定された海上自衛隊第四護衛隊群司令佐藤壽紀海将補は、米軍との情報交換について「既に救援活動を開始していた米軍部隊とは、統合任務部隊編成直後から情報交換を図っていた。従来から共同で訓練する機会が多く、東日本大震災で一緒に活動した経験を有する自衛隊と米軍の連携は、日本を離れても有効に機能しており、フィリピンにおける救援活動を有効に行うための貴重な情報を得ることができた」と述べている[36]。一一月二七日には、米海軍派遣部隊の指揮官ヒュー・ウェザーオール准将がオスプレイで護衛艦「いせ」を来訪し、佐藤海将補及び医療・航空援助隊長浅見勇学一等陸佐と日米連携について会談している[37]。

◆米軍の災害救援活動

台風「ハイヤン」に際する救援活動に関する米国の対応は極めて迅速だった。米政府の担当部局であるＵＳＡＩＤの海外災害救援局（Office of Foreign Disaster Assistance：ＯＦＤＡ）は、台風上陸の数日前には被害状況評価要員をフィリピンに派遣して救援活動を準備していた[38]。米軍の救援活動は、ＵＳＡＩＤ／ＯＦＤＡを支援する形で行われる。太平洋軍は、台風上陸の翌九日にフィリピン国軍から出された救援要請に応じ、一〇日、３ＭＥＢを被災地に急派するとともに空母「ジョージ・ワシントン」を旗艦とする艦艇部隊をレイテ沖に向かわせた。出動命令を受けた３ＭＥＢ司令官ポール・ケネディ准将は、一〇日中に主要な幕僚とともにマニラに進出してマニラ国際空港に併設されているヴィラモア空軍基地に指揮所を構えた。同指揮所には、ハワイの太平洋軍司令部から統合任務部隊司令部としての機能を付加するための増加幕僚が派遣され、以後、フィリピン国軍、ＵＳＡＩＤ／ＯＦＤＡ、国連などとの調整にあたった。また、一六日には、救援活動全般を指揮統制するための統合任務部隊ＪＴＦ５０５が編成され、３ＭＥＢの上級部隊にあたる第Ⅲ海兵遠征軍（ⅢＭＥＦ）司令官ジョン・ウィスラー中将が指揮にあたった[39]。

米軍の初期救援活動できわめて重要な役割を果たしたのは、輸送機とヘリコプターであった。フィリピン政府が救援活動のために使用できたのは、Ｃ－１３０輸送機三機のみであり、例えばタクロバン地域からマニラ周辺の避難所に被災者を空輸し、あるいは、被災地に救援物資を届けるためにはまったく不十分だった。米軍が救援活動のために運用した航空機は、海兵隊のＫＣ－１３０給油・輸送機八機、ＭＣ－１３０輸送機四機、Ｖ－22ティルトローター機（オスプレイ）一四機、空軍のＣ－１３０輸送機四機、Ｅ－２警戒機四機、海軍のＨ－60多用途ヘリコプター二一機、Ｐ－３哨戒機二機など合計六〇機に及ぶ[40]。Ｃ－１３０輸送機などの輸送機は、マニラ及びセブの国際空港に届く救援物資をタクロバンなどの被災地域の集配地に輸送するために不可欠であり、被災者をマニラ周辺などに設置された非難所に空輸するためにも極めて有用だった。また、このうち垂直離着陸が可能なヘリコプターやオスプレイは、被災直後、道路の破壊によって孤立する集落に救援物資を届けるための唯一の手段であり、この規模での救援活動は、米軍にしかできないものだった。航空機による救援活動は、一〇日二機のKC－130によって開始され、翌一一日には、沖縄から飛来した四機のオスプレイが追加される。空母「ジョージ・ワシントン」は、被災地におけるヘリコプター運用を重視して固定翼艦載機の主力を厚木に帰還させつつレイテ湾に向かい、一四日には艦載ヘリコプター二一機をフル稼働させるとともに、沖縄から進出したオスプレイに対しても支援基盤を提供した。3MEBはまた、フォークリフトやレッカーなどの重機材を空輸して、被災地の瓦礫除去などを行い、道路を含む被災地インフラの回復にあたった。

被災直後にこのような能力を発揮できるのは、米軍であればこそのことだった。自衛隊の国際の国際緊急援助隊は、米軍に遅れること数日、一三日に先遣の医療チームがフィリピンに展開して活動を開始、一七日に編成されたJTF－PDRがレイテ沖に到着して本格的な活動を開始したのは二二日のことであった。自衛隊の活動は一二月一三日まで継続された。一方、米軍は一一月二二日頃には活動終了時期の検討を始め、二七日には撤収を開始している。米統合マニュアル『海外人道支援』によれば、米軍によるこのような活動は「USAID、被災国、他の米政府機関あるいは国際機関の人道支援活動が埋められないギャップを埋めるために米軍独特の能力を活用する場合に焦点を置く」ことを明示している[41]。フィリピンにおける米軍の活動は、この原則に基づき、誰よりも早く救援活動に着手し、他の機関などが代替できそうになれば早急に撤退するという考え方の典型だった。

米軍の初期対応が迅速だった背景にはいくつかの要因がある。第一に、二〇一二年秋以降、太平洋軍隷下の事態即応海兵空地任務部隊として3MEBが常時待機態勢にあったことが挙げられる。3MEBは、一一月七日、「ハイヤン」のフィリピン接近を承知すると予測される救援活動の構想を上級部隊に報告している。八日には

図2 米英豪軍及び自衛隊の展開及び活動日程[43]

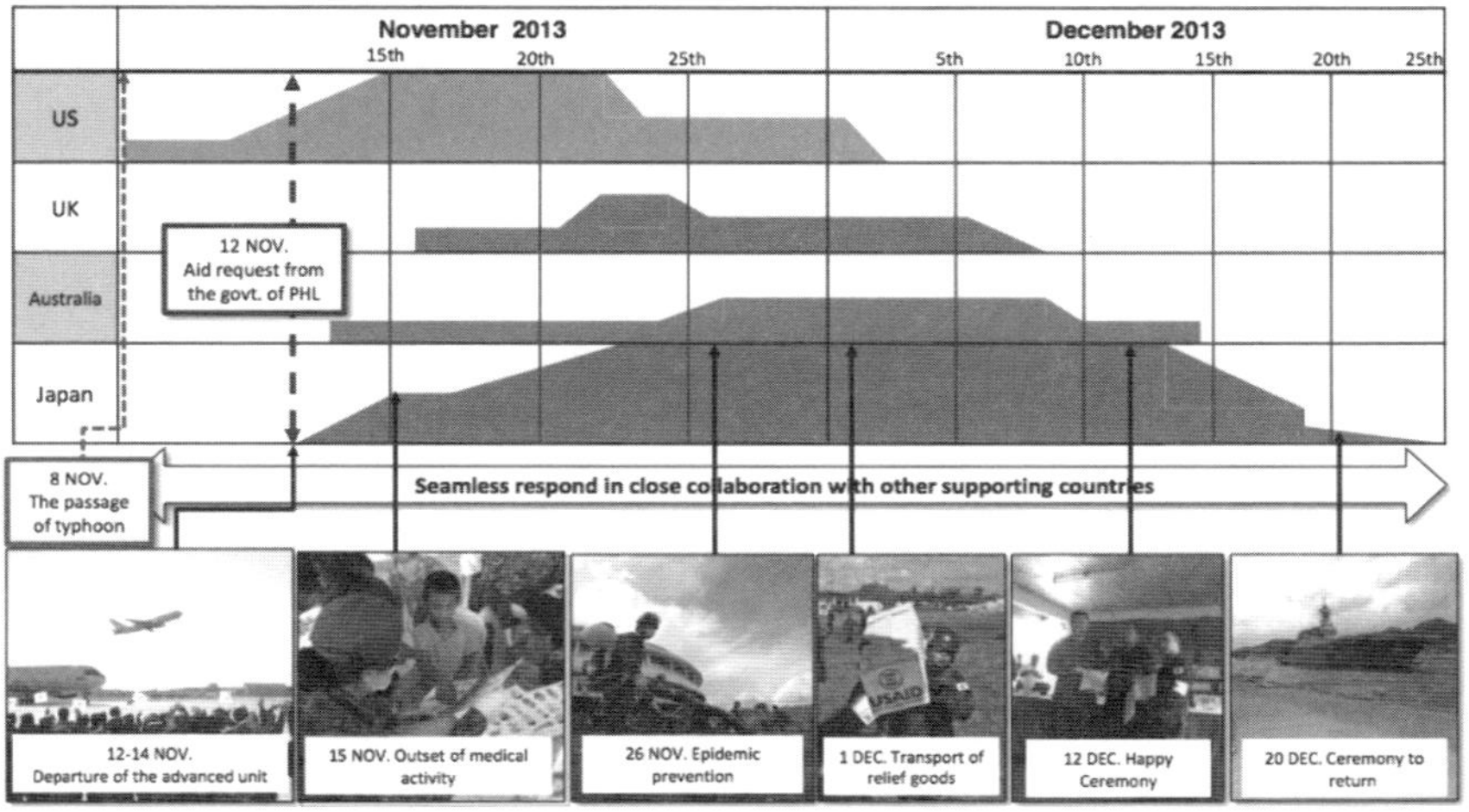

出典：ピースウィンズアメリカ主催「日米比災害対策ワークショップ」における防衛省ブリーフィング、2014年1月22日。

フィリピンへの展開を予測して即応態勢強化が命ぜられ、一〇日、太平洋軍から公式に出動を命ぜられると、その六時間後には、3MEB司令官以下の先遣隊が展開を開始した。第二に、米海軍の空母機動部隊が常にアジア太平洋地域を遊弋していることが挙げられる。空母「ジョージ・ワシントン」は、「ハイヤン」上陸当時香港に寄港しており、七二時間以内に被災地沖に進出できる態勢にあった。第三に、ハワイに所在する太平洋軍司令部には、本救援活動に密接に関連する国の連絡官が派遣されており、予想される救援活動について早期から継続的に情報を共有する態勢が整っていた。当時、太平洋軍司令部では作戦部長を議長とする国際調整チーム（International Coordination Team：ICT）が定期的に会合して情報を共有していた。ICTのメンバーには、カナダ、日本、フィリピン、オーストラリア、英国から派遣されている連絡官が含まれており、必要に応じて太平洋軍司令部の関係部局の代表が参加することとなっていた[42]。台風「ハイヤン」後の救援活動に関しては、このICTが情報を集約する場として活用された。

図2は、米英豪軍及び自衛隊の展開・活動状況を示している。米軍の展開が迅速であり、早期に撤収していること、英豪軍の救援部隊及び自衛隊は、米軍の救援活動を受け継ぐ形で展開し、比較的長期にわたって活動したことが理解できる。

3　日米同盟と国際的な民軍連携

日米同盟を含め、アジア太平洋地域における米国の同盟友好関係は、国際公共財でもある。これまでに論じた通り、スマトラ沖地震(二〇〇四年)、東日本大震災(二〇一一年)、台風「ハイヤン」(二〇一三年)に際する救援活動においては、米国と域内諸国との間の同盟友好関係が重要な役割を果たしてきた。また、アジア太平洋地域において自然災害が頻発するということを背景として、災害救援に際する国際協力、特に他国の軍との協力の重要性が増しつつあり、実際、このような協力を進めていく気運は高まっている。日本の立場から言えば、日米同盟を軸とした協力と域内における多国間の協力、さらには国際的な民軍連携という点に真剣に取り組む必要が高まっているということになる。

◆日米協力、多国間協力と民軍連携の態様

国際的な災害救援活動において米国との同盟、多国間の協力、そして民軍連携の態様を観察すると、いくつかの典型的なタイプがあることがわかる。二〇〇四年のスマトラ沖地震では、ⅢMEFが多様なアクターの間で情報を共有する上でのハブとなり、いわば、米軍の情報通信インフラが民軍連携のための中心的な役割を果たした。東日本大震災では、日本政府及び地方自治体が救援活動調整の中心となり、これに自衛隊が深く連携した上

で日米同盟を基礎とするパイプを通じて米軍と情報を共有し、活動を調整した。いわば民が主体となり、被災国の軍事組織（自衛隊）を介して米軍との連携を図った例である。台風「ハイヤン」の場合もこれに近いが、フィリピン国軍がマニラに設置した多国間調整所を介して他国軍との調整を行ったという意味ではより進化した形だった。東日本大震災で仙台において日米間の調整にあたった笠松誠一等陸佐は、台風「ハイヤン」での活動について「多国間枠組みに進化したトモダチ作戦II」と評している[44]。

どのようなかたちでの連携が適しているのかという点は、災害の様相、被災国の防災・減災体制、被災国における民軍関係全般、被災国と米国、日本との政治的な関係などによっても異なる。また、外国からの支援、特に米軍や他国の軍による支援に対する許容度も大きな要素である。スマトラ沖地震に際してのタイ王国やインドネシアは、被災後比較的早い時期から軍を含む他国の支援を要請し受け入れているのに対し、二〇〇八年四月ミャンマーを襲ったサイクロンに際しては、同国の閉鎖的な性格もあって、救援機関の要員のビザ取得すら容易でなく、また、入国できた場合でも国内の様々な障害に直面した[45]。我が国としても、国際的な民軍協力には様々なかたちがあることを念頭において、日米両国の協力形態について柔軟に対応することが重要になる。

◆救援活動に関する調整の在り方

多様なアクターが混在する中で救援活動を効率のよいものとするためには、アクター間の調整が鍵となる。UNOCHAは、図3に示すように、人道支援活動に関する機能別のクラスターと主務となる国際機関を予め指定している。物流（WFP：国連世界食糧計画）、給水・衛生（UNICEF：国連児童基金）、緊急通信（WFP）、住民保護（UNHCR：国連難民高等弁務官事務所）、保健（WHO：世界保健機関）など一一の機能にわたるクラスター方式である。フィリピン政府は、平素から国連の提唱する国際レベルでのクラスター方式に加えて国内レベルでもクラスター方式を導入し、主務となる機関を指定している。台風「ハイヤン」に際しては、救援活動の推移に応じて、食

図3　国連のクラスター・アプローチ［46］

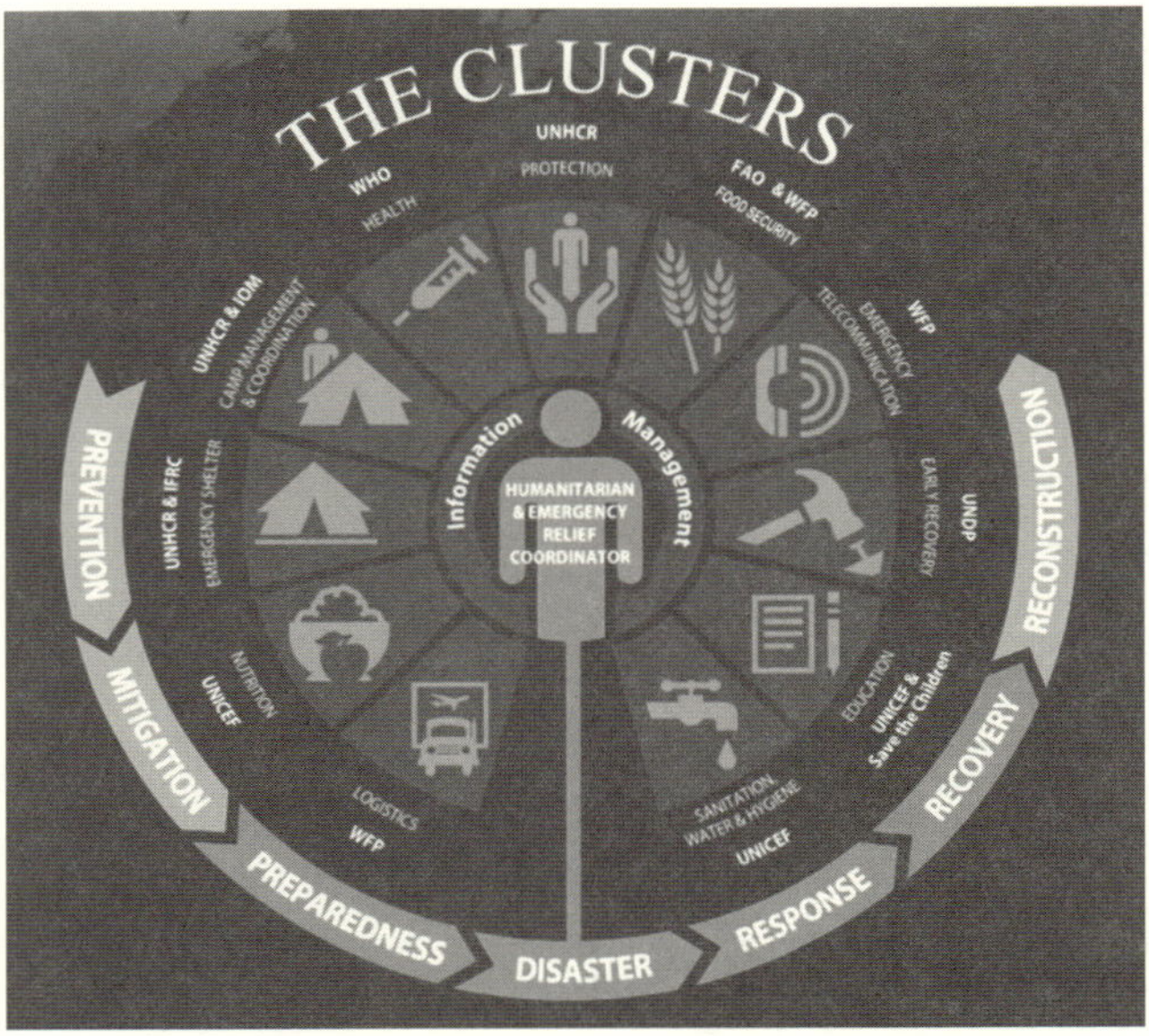

出典：http://www.unocha.org/what-we-do/coordination-tools/cluster-coordination（2017年3月30日最終確認）.

料・給水（福祉・開発省）、遺体搬送・瓦礫除去（消防庁）、法秩序（国家警察）、衛生（保健省）などのクラスターが設けられ、多様なアクターの活動を調整する窓口となった。

地方レベルでの国際的な民軍連携の成功例として、被災地域の西端に近いパナイ島カピス州でのケースが挙げられる。カピス州ロハス市に所在する州庁の最上階を開放して設置された指揮所には、外国の軍隊やNGOを含め、第一線の救援活動に関係する機関の代表者すべてが一堂に会した。具体的には、UNOCHA、WFP、UNICEFなどの国連機関、カナダ軍、フィリピン福祉・開発省、米国のUSAID、国際的なNGOなどの代表者が同一箇所で勤務し、顔をつきあわせながらの調整を繰り返すことにより、協力関係を深めるとともにきめ細かい調整が可能となった［47］。

台風「ハイヤン」の教訓に関する研究の多くが、平素から培ったネットワークや協力関係、特に主要な救援機関に属する要員間の人間関係の重要性を指摘していることは興味深い。二〇一五年に太平洋軍のシンクタンクが公表した報告書は「災害救援の経験があり、他の主要関係機関の専門家と個人的なつながりをもっている要員によって関係機関相互の調整や国際的な調整が迅速になった」としている[48]。アグイナルド基地に設置された多国間調整所では、「我が国をはじめ、米、加、フィリピン、英の代表者は、陸上自衛隊が毎年主催している『アジア太平洋地域多国間協力プログラム』の参加者」としてすでに面識があったことから多国間調整に関する考え方を共有しており、同調整所を運営する牽引力としての役割を果たすことが」できたと評価されている[49]。

国際的な民軍調整を実効あるものとする上で、米太平洋軍、自衛隊などが主催している多国間訓練や拡大ASEAN国防相会議の下におかれた災害救援専門家会合での議論は重要な役割を果している。しかしながら、これらはほぼ純粋に軍対軍の多国間関係であり、これに各国の民、すなわち政府関係機関、NGO、UNOCHAやWFP等の国際機関などのアクターを組み込む余地は大きい。一方、フィリピンにおける災害対応政策にみられるように、国家を挙げて省庁間、官民間、民軍間の連携を強めているケースも多い。我が国で都道府県が例年主催して自衛隊や警察などの関係機関が参加する形で行われている防災訓練も同様の例である。国際的な軍対軍の関係、各国の民軍の関係が順調に強化されている一方、国際的な民・民の関係構築に顕著な進展がみられないという点を指摘することができる。この点、例えばフィリピンの国家DRRM評議会が定期的に行っている民軍調整のための訓練に日米両国の民間アクターを参加させたり、日本の都道府県が行う防災訓練のような機会に各国の政府関係機関や国際的なアクターをオブザーバーとして招致するような試みを展開することの意味は大きい。日米両国が民・民のリンクを強くすることによって、国際的な民軍連携の実効性を高めることが可能になるからだ。

◆国際的な災害救援に際する通信手段

台風や地震の災害に際して情報通信インフラが被害を受けるケースは多い。東日本大震災では、津波により、東北の海岸地域に所在した固定電話・携帯電話の端末局が全滅し、地域によっては約一ヶ月の間電話を使用することができなかった。台風「ハイヤン」の被災地でも同様であった。災害救援活動に際して重要なことのひとつは、バックアップの情報通信ネットワークを速やかに構築することである。

情報通信技術が発達した現在、携帯電話やインターネットに対する依存が高まっている一方、災害で通常の通信インフラが使えない場合にはより原始的な通信手段が有用である場合が多い。例えば、いわゆるトランシーバー形の携帯無線機(two way radio)は、ひとつの周波数では一局しか通話できず、到達距離も短いという欠点があるが、仕組みは単純で堅牢、非常用のバックアップには適している。フィリピンにおいても非常用のバックアップ通信手段として携帯無線機が使用された。被災地域の西端に近いパナイ島イロイロ州ティバオ町のでは、非常用の携帯無線機の数が十分でなかったため、アマチュア無線同好家グループの助けを借りて被災状況を確認し、また、非常用携帯無線機で州や地方、隣接する自治体との連絡を確保した[50]。台風「ハイヤン」の後、同町は、携帯無線機にぎりぎりの到達距離から届く弱い電波を受信し、その信号を増幅して中継する機能を付加し、携帯無線機によるネットワークを構築することを計画している。

スマトラ沖地震の教訓をあつかった米海軍大学の報告書 *Operation Unified Assistance: 2004 Sumatran Earthquake and Tsunami Humanitarian Relief* は、被災者や救援要員が対面して行うフェイス・トゥ・フェイスのコミュニケーションを「スニーカーネット」と呼称してその有用性を指摘している[51]。軍が派遣するヘリコプターの乗員が被災地に着陸した際、地元の詳細な情報を聞き取り、これを軍の通信ネットワークで伝達するようなケースである。東日本大震災では、米海軍のヘリコプター乗員は、被災地に着陸する際、日本語のアンケートを配布して被災者や現地で活動する救援要員に被災状況や必要とする物資などを記載させた。これに記入された情報は、空母が帰還後に本国に送られて翻訳された上で、数時間後には艦上のオペレーション・センターに提供されるというシステムだった。こういった日米間協力の経験が、これからの国際的災害救援活動に活かされる時がくるだろう。

おわりに

本章で見てきた通り、日米両国がアジア太平洋地域での自然災害に際して国際的な協力活動を行う機会は増大している。自衛隊や米軍が他国の軍と協力し、各国の政府機関、NGOなどと連携して人道支援活動を行う頻度も増している。このような多国間協力の場で、日米同盟を含め、米国との同盟・友好関係を活用することは必須ではないが、様々な意味で有用である。第一に米軍が持つ独特の能力、特にグローバルに展開する機動力や世界中の情勢に通暁する情報能力は希有であり、被災国が独自で対応できないような激甚災害においてはきわめて有用であると同時に、このような能力を背景として誰よりも速く被災地に入って活動をすることの限界効用は高いからである。第二に、米国との同盟を基礎として常に情報を共有する態勢を維持することによって、我が国をはじめとする米国の同盟国がこのような活動に参加するための意思決定をより迅速なものとすることができるという点がある。台風「ハイヤン」後の救援活動に際して、陸上幕僚長が沖縄からフィリピンに緊急展開する米海兵隊の司令官から直接米軍の活動に関する考え方を聞いたことが自衛隊として比較的早い時期に出動を決定した背景となったのは好例である。第三に、我が国をはじめアジア太平洋地域における米国の同盟国の軍が持つ能力は、米国ほどではないとしても、相対的に優れたものであり、米軍が初期に活動した後をフォローするには十分である。台風「ハイヤン」で、米軍に続き、日本、豪州、英国などの部隊が航空・海上輸送力、野外における医療支援能力、施設作業力を提供したことは、一種の連携プレーということができる。アジア太平洋地域における米国の同盟・友好関係が地域にとっての国際的公共財としての役割を果たすことができるゆえんである。

註

1——Philippine National Disaster Risk Reduction and Management Council (NDRRMC), "Update re the Effects of Typhoon Yolanda (Haiyan), April 17, 2014," http://www.ndrrmc.gov.ph/attachments/article/1329/Update_on_Effects_Typhoon_YOLANDA_(Haiyan)_17APR2014.pdf（二〇一七年二月二六日最終確認）。

2——Center for Excellence in Disaster Management & Humanitarian Assistance, *Lessons from Civil-Military Disaster Management and Humanitarian Response to Typhoon Haiyan (Yolanda)*, January 2014, p. 12. http://star-tides.net/sites/default/files/documents/files/CFE_Lessons%20from%20Typhoon%20Haiyan.pdf（二〇一七年二月二四日最終確認）。

3——ibid., pp. 12-15.

4——Global Disaster Alert and Coordination System http://www.gdacs.org/report.aspx?eventtype=TC&eventid=41058&episodeid=32（二〇一七年二月二五日最終確認）。

5——国連大学環境及び人間の安全保障研究所の『ワールド・リスク・レポート二〇一六』は、災害リスクの最も高い二〇カ国として、バヌアツ（一）、トンガ（二）、フィリピン（三）、グアテマラ（四）、バングラデシュ（五）、ソロモン（六）、ブルネイ（七）、コスタリカ（八）、カンボジア（九）、パプアニューギニア（一〇）、エルサルバドル（一一）、東チモール（一二）、モーリタス（一三）、ニカラグア（一四）、ギニア（一五）、フィジー（一六）、日本（一七）、ベトナム（一八）、ガンビア（一九）、ジャマイカ（二〇）を挙げている。http://weltrisikobericht.de/wp-content/uploads/2016/08/WorldRiskReport2016.pdf（二〇一七年二月二五日最終確認）。

6——フィリピンでは災害リスク軽減管理（Disaster Risk Reduction and Management：DRRM）が重要な課題とされているが、同時に気候変動への適合（Climate Change Adaptation：CCA）も重視され、DRRM・CCAと呼称されることも多い。

7——防衛省『日本の防衛』二〇一六年版、三一六頁。

8——第百三十四回国会衆議院災害対策特別委員会議事録第四号。

9——防衛省、『日本の防衛』二〇一一年版、一九頁。

10——Philippine National Disaster Risk Reduction and Management Council, *It Happened, Learning from Typhoon Yolanda*（以下 NDRRM, *It Happened*）, p. 213. http://ndrrmc.gov.ph/attachments/article/2926/Y_It_Happened.pdf（二〇一七年二月二四日最終確認）。

11——Philippine National Disaster Reduction and Management Act (Republic Act No. 10121).

12——同書。

13——タクロバン市に隣接するパロ町に所在するカソリック系NGOカリタス・パロは、発災直後に立ち上がり、二年以上にわたって、周辺バランガイによるリスクマップ作成、危険地域からの家屋移転、給水施設の建設、非常用物資の備蓄などを支援している。

14——一九九二年当時、アジア諸国における対「日本軍」観には厳しいものがあり、自衛隊が旧軍とは違う存在であるという点についての理解を深める必要があった。筆者を含め防衛庁（当時）・自衛隊関係者の中にも、日本の軍事組織に対する一種の警戒感が強いことを背景として、自衛隊の国際緊急援助隊参加の機会は近くないと見る向きも少なくなかった。

15——タクロバンの郊外には、マッカーサーが上陸した海岸に記念碑がある。二〇一七年三月三日〜五日、筆者は、カソリック系NGOであるカリタス・パロ支局のメンバーとともに現地を訪問し、被災地の復興状況を視察した。その際、特にタクロバンから陸路一時間ほど山間部に入ったバランガイでは、視察後の懇談会で打ち解けた後、村人の中には日本の支援には感謝しつつも「怖い日本人が来るのでは」と心配していた者がいたことが明らかにされた。

16——ピースウィンズアメリカ主催「日米比災害対策ワークショップ」閉会式におけるマニュエル・ロペス駐日フィリピン大使のスピーチ、二〇一四年一月二三日（山王ホテル）。

17——U.S. Joint Staff, "Joint Tactics, Technics, and Procedures," Joint Publication3-07.6, 15 August 2001.

18——U.S. Joint Staff, "Foreign Humanitarian Assistance," Joint Publication 3-29, 17 March 2009 and 3 January 2014.

19——Ibid., p. I-6-I-8.

20——Jennifer D. P. Moroney et.al, *Lessons from Department of Defense Disaster Relief Efforts in the Asia-Pacific Region*, RAND Cooperation, 2013, p. 1.

21——Ibid.

22——Eric J. Shaw, *Operation Unified Assistance: 2004 Sumatran Earthquake and Tsunami Humanitarian Relief*, May 2013, pp. 9-11. https://www.researchgate.net/publication/264153352_Operation_Unified_Assistance_2004_Sumatran_Earthquake_and_Tsunami_Humanitarian_Relief（二〇一七年三月三〇日最終確認）。

23——防衛省、『日本の防衛』二〇一一年版、一九頁。

24——日米安全保障協議委員会文書、「東日本大震災への対応における協力」、二〇一一年六月二一日。

25——Chairman, U.S. Joint Chief of Staff, *Foreign Humanitarian Assistance*, Joint Publication (JP) 3-29 (Washington, D.C.: CJCS 17 March 2009). P. II-1.

26——Shaw, op. cit., p.12.

27——Ibid, p.16.

28——Chairman, U.S. Joint Chief of Staff, JP 3-29, pp. 26-27.

29——Moroney, op. cit., pp. 97-99.

30——Philippine National Disaster Risk Reduction and Management Council (NDRRMC), *It Happened: Learning from Typhoon Yolanda*, 2014).

31——Center for Excellence in Disaster Management and Humanitarian Assistance, *Lessons from Civil-Military Disaster Management and Humanitarian Response to Typhoon Haiyan (Yolanda)*, January 2014 pp. 12-13. http://star-tides.net/sites/default/files/documents/files/CFE_Lessons%20from%20Typhoon%20Haiyan.pdf（二〇一七年二月二八日最終確認）。

32——ピースウィンズアメリカ主催「日米比災害対策ワークショップ」におけるタクロバン空港事態対応指揮所指揮官ロイ・トリニダード海軍大佐（当時）によるブリーフィング、二〇一四年一月二二日（東京、山王ホテル）。

33——NDRRM, *It Happened*, p.12.

34——防衛省『日本の防衛』二〇一四年版、三〇八頁。

35——ピースウィンズアメリカ主催「日米比災害対策ワークショップ」におけるＪＩＣＡによるプレゼンテーション、二〇一四年一月二三日。

36——佐藤壽紀、「『ペレーション・サンカイ』を指揮して」、『外交 vol. 24』、六九頁。

37——http://www.mod.go.jp/gsdf/news/pko/2013/20131127.html（二〇一七年三月二七日最終確認）。

38——Thomas Parker, et.al., "*An Inside Look into USPACOM Response to Super Typhoon Haiyan,*" February 2015, p. 7. http://

www.bing.com/search?q=An+Inside+Look+into+USPACOM+Response+to+Super+Typhoon+Haiyan&form=CMDTDF&pc=CMDTDF&src=IE-SearchBox（二〇一七年三月二八日最終確認）。

39——Parker, op. cit., p.8.

40——ピースウィンズアメリカ主催「日米比災害対策ワークショップ」における3MEBブリーフィング、二〇一四年一月二二日。

41——Chairman, U.S. Joint Chief of Staff, JP 3-29, p. I-15.

42——Parker, op. cit., p.9

43——ピースウィンズアメリカ主催「日米比災害対策ワークショップ」における防衛省ブリーフィング、二〇一四年一月二二日。

44——笠松誠、「多国間枠組みに進化したトモダチ作戦II」、『外交 vol. 24』（二〇一四年）、七一～七五頁。

45——Moroney, op. cit., p. 15.

46——http://www.unocha.org/what-we-do/coordination-tools/cluster-coordination（二〇一七年三月三〇日最終確認）。

47——Center for Excellence, op. cit., pp. 28-29.

48——Parker, op. cit., p. 3.

49——笠松誠、前掲書、七三頁。

50——NDRRMC, It Happened, p. 38.

51——Shaw, Op. Cit., p.18.

第6章

二一世紀型包括的安全保障の実現へ

福島安紀子
FUKUSHIMA Akiko

はじめに

安全保障といえば、冷戦中はあくまでも領土の安全を軍事的な手段によって守ることを意味し、究極的には米ソ核戦争の回避が国際社会の共通課題であった。しかし、冷戦終焉の兆しが見え始めた一九八〇年代初めごろから、冷戦後の安全保障とは軍事的な安全保障のみならず、もっと拡がりを持った概念であるべきではないかとの議論が活発になり、様々な論稿が発表された。口火を切ったのが一九八九年にジェシカ・マシューズの発表した「安全保障を再考する」と題する論文である。マシューズは冷戦の終焉を受けて、一九九〇年代には何が安全保障かを再定義することが求められると論じた。特に人口増加による資源へのしわ寄せが環境の劣化を惹起するとの論を展開し、具体的な環境安全保障を提唱した[1]。以来、軍事力による国土保全を超えた広義の安全保障が様々な形で模索されるとともに、それまで考えられていた軍事的手段による安全保障を「伝統的安全保障」と称し、その重要性は不変であるとの反論も展開された。一連の議論の中で、広義の安全保障のひとつの理念として位置付けられたのが、本書の各章でも言及されている「人間の安全保障」であった。

「人間の安全保障」という言葉が政策論議に導入されたのは、一九九四年版の国連開発計画(UNDP)「人間開発報告書」であった。以来二〇年余にわたってこの用語の定義や考え方、さらには外交政策や開発援助政策等への適合性が、国連などの国際機関や欧州連合(EU)、あるいは東南アジア諸国連合(ASEAN)などの地域機関や各国、市民社会、学界において議論されてきた。その過程では、人間の安全保障に対する推進派、懐疑派、否定派に分かれて議論がたたかわされ、とりわけ人間の安全保障という用語の定義をめぐっては、国際関係論では稀に見るほどの激論が交わされたと言っても過言ではない。その根底には、広義の安全保障問題を国際政治学、特に国際安全保障の視点から考える学派と、開発経済学、特に開発援助の視点から考える学派の対立があった。

日本政府は「人間の安全保障」の理念を、外交政策、特に開発援助政策に取り入れ、二〇年余り、積極的に理念の周知と開発援助を介した人間の安全保障の実現に取り組んできた。国連での人間の安全保障理念の主流化に尽力するとともに、対アジア政策や対米関係における国際平和と安全保障の推進に際しても、人間の安全保障の実現に努力してきたのである。政府の動きに追随する形で、日本の学界や市民社会においても次第に人間の安全保障の理念が研究対象や実践対象として採り上げられようになってきた。

本章では、この「人間の安全保障」という理念が、激論の時代を超えて、どのように理解され、実践されようとしているのかを俯瞰した上で、今日、求められている二一世紀型の安全保障とは何かを検討する。合わせて各章が採りあげた東南アジアにおける事例を参照しつつ、東南アジアにおける広義の安全保障の実現に向けた、さらなる日米協力の道を考察する。

1 今、求められる広義の安全保障とは何か

◆人間の安全保障とは何か

まず、広義の安全保障として最も議論されてきた「人間の安全保障」を俯瞰することで二一世紀に求められる安全保障の姿を考察したい。「人間の安全保障」という理念は、冷戦終焉後、安全保障の対象となる脅威がもはや軍事的な国家間戦争に限られないという、安全保障の脅威認識の多様化から生まれたものである。

具体的にこの理念を政策論議に導入したのは、前述の「人間開発報告書」である[2]。しかし、人間の安全保障というＵＮＤＰの提案は、当初は国連加盟国並びに国連専門機関から支持されなかった。翌年コペンハーゲンで開催された国連社会開発サミットでＵＮＤＰは一九九四年の「人間開発報告書」の前文に記載したように、「人間の安全保障」という言葉を宣言に盛り込もうとしたが、この用語が人権擁護を意味し、人間の安全保障という名目で国内問題に干渉されるのではないかと懸念する一部の加盟国や、国連予算がＵＮＤＰの開発援助目的に多く流れるのではないかと不信を抱く国連専門機関の思惑などもあって失敗した。以降、国連の正式文書に「人間の安全保障」という用語が入るには、二〇〇五年の国連サミット成果文書まで、実に一〇年の歳月を要したのであった。

定義論争の争点となったのは、安全保障の脅威対象を戦争や紛争のみならず経済的な貧困は無論のこと、自然災害、気候変動、感染症などに拡大することと、安全保障の客体を国家のみならず人間のレベルまで広げることの是非であった。すなわち、人間の安全保障が国家安全保障を代替するのかという議論を惹起したのである[3]。その結果、人間の安全保障を広義に解釈する立場と狭義に解釈する立場の対立が先鋭化していった。

広義の解釈に立つ立場は、人間の安全保障の対象を、経済的貧困、自然災害、環境劣化、気候変動、感染症、

栄養不良、麻薬、国内避難民、難民、人身取引、尊厳の損失、ガバナンスの弱体化まで幅広く捉えた。これらを「欠乏からの自由(freedom from want)」という言葉でくくり、人間の安全保障を実現する手段としては保護と能力強化(エンパワーメント)が中心となると位置付けた。

これに対して狭義の解釈に立つ立場は、脅威の対象をあくまでも暴力に絞り、「恐怖からの自由(freedom from fear)」に限定した。すなわち、脆弱な国家や紛争影響下にある国家において、紛争の勃発・再燃や大量殺戮などによる人々の恐怖を取り除くことに主眼をおいたのである。従って脅威の対象は、紛争、大量虐殺、民族浄化、暴力、地雷、クラスター爆弾などに限定された。

前者の立場に立ったのが日本などであり、後者の立場に立ったのがカナダやノルウエーであった。この解釈の違いから、お互いに人間の安全保障を推進しながらも日本とカナダの協力は実現しなかった。このような解釈上の対立の背景には、人間の安全保障を実現するための究極的な手段として、武力の行使を射程に入れるか否かという問題があったのである。

◆解釈論争の収斂へ

やがて、このような解釈論争を収斂させようという動きが生まれた。その発端となったのは二〇〇〇年の国連ミレニアムサミットにおけるコフィ・アナン国連事務総長(当時)の演説であった。同氏は、人間の安全保障という言葉こそ用いなかったが、地球規模の課題にあたっては、人々に「恐怖からの自由」と「欠乏からの自由」の両方の自由を与えるべく努力すべきであると述べた。この演説を受け、日本政府は人間の安全保障の概念を整理するべく、有識者による「人間の安全保障委員会」の設置を提案した。その後、委員会は日本政府が支援し、アマルティア・セン氏と緒方貞子氏を共同議長にむかえて二〇〇一年に発足した。そして、五回にわたる議論を重ねた後、二〇〇三年五月に最終報告書『安全保障の今日的課題(Human Security Now)』[4]をコフィ・アナン国連事務総長に提出した。同報告書は国家安全保障と人間の安全保障が相互排他的な関係にあるのではなく、これからは両面を包含した取組みが必要であるとした。同委員会の提言で特に注目したいのは、伝統的な安全保障では「守る」あるいは「保護する」という論理が中心であったのに対して、人々が再び脅威にさらされないような能力を自ら身につけること、「エンパワーメント（empowerment）」すなわち能力強化が強調されたことである。現在、開発援助においては強靭性、いわゆるレジリエンスが重視されているがその流れの起点になったのがこのエンパワーメントの提言であり、これはアマルティア・センの「ケイパビリティ論」の延長線上に位置づけられているといえよう。

しかしながら、同委員会の提言後も定義をめぐる論争は散発的に続いた。国連でくすぶる解釈論争に、収斂に向かうさらなる契機をもたらしたのは、二〇〇五年九月の国連サミットの成果文書に、人間の安全保障が以下のような表現で盛り込まれ、国連の正式文書に初めて記載されたことであった。

人間の安全保障

143．我々は、「人間が自由と尊厳を持ち、貧困と絶望から解放されて生きる権利を持つことを強調する。すべての人は、特に弱い立場の人々が恐怖と欠乏から自由に生き、すべての権利を享受し、人間としての潜在力を充分に開発する平等な権利を持つことを認識する。そのために、総会において人間の安全保障の理念を議論し、定義することを約束する[5]。

この記述により、国連の場で人間の安全保障の定義に関する議論の道が開かれた。日本政府は成果文書の「人間の安全保障の理念を議論し、定義する」という記述を実践すべく、翌年「人間の安全保障フレンズ会合」を立ち上げた。同会合は、日本とメキシコが共同議長となり、国連人道問題調整事務所（OCHA）が共催する形が採られた。フレンズ会合は広義、狭義の立場に関係なく、人間の安全保障に関心のある加盟国や国際機関は参加可能とされたことから、国連安保理常任理事国を含む加盟国や国際機関が数多く参加し、人間の安全保障に関する活動の紹介、地球規模の課題と人間の安全保障の関わりや、人間の安全保障実現のための方針などが議論された。同会合からの勧告は、人間の安全保障に関する事務総長の累次の報告の発表や、人間の安全保障に関する国連総会公式討論の開催へと繋がった。そして、これらの議論の集大成として、二〇一二年九月には人間の安全保障に関する「共通理解(common understanding)」を盛り込んだ国連総会決議A/RES/66/200が採択された。この共通理解の中では、「人々が自由と尊厳のうちに生存し、恐怖からの自由と欠乏からの自由を享受する権利を有する」とされ、人間の安全保障に三つの自由が包含された。さらに人間の安全保障は保護する責任とは異なると位置付けられ、一部の加盟国にあった人間の安全保障を名目とする武力行使を含む人道的介入への懸念を払拭している。また長らく論点の一つであった、国家安全保障を代替するものではないことも明示された[6]。こうして、フレンズ会合は、共通理解の発表をもってその人間の安全保障の理念を定義するという役割を全うしたとして終了した。

◆人間の安全保障の実践へ

人間の安全保障の共通理解が国連総会決議の形で採択され、ある意味で解釈論争に終止符が打たれたことから、現在では人間の安全保障をいかに実践するかに焦点が移っている。これは二〇一〇年から国連事務総長が発表している、人間の安全保障に関する報告の内容にも反映されており、当初は人間の安全保障とは何かという定義問題が報告書の内容の中心であったのに対して、二〇一四年に発表された報告書では、国連加盟国、国際機関、研究機関やNGOの人間の安全保障の実践状況に関するアンケート結果が紹介され、人間の安全保障をこれまでのように外交政策にのみ適用するのではなく、国内の格差や不平等の是正、防災、減災問題等にも適用すべきとされた。人間の安全保障を実現することにより理念を主流化することに力点が移っている。さらに同国連事務総長報告書の中では、ますます複雑多様化し、相互関連性が強まっている平和と安全への脅威に対処するにあたり、人間中心の予防に力をいれた包括的多角的な政策アプローチとしての人間の安全保障の価値が強調されている。二〇一七年一二月に来日したアントニオ・グテーレス国連事務総長は「グローバル課題：『人間の安全保障』の役割」の中で「人間の安全保障という理念は様々な国家やアクターを結びつけるコンセプト(unifying concept)であり、紛争予防、持続的開発に、持続的な平和作りなどを相互に連携して促進していくうえで、有効な理念である」とのべた。ここに実践に向けての理念の活用方法が示されている[7]。

このような伝統的な安全保障を超え、幅広く安全保障を考える人間の安全保障に代表されるアプローチに対して、東南アジア諸国はどのように受け止めているのだろうか。

2　東南アジア諸国での人間の安全保障の理解と実践

◆東南アジア諸国の人間の安全保障概念の受容

東南アジア諸国連合(ASEAN)関連の諸会議では、当初はなかなか「人間の安全保障」という表現が正式文書に収載されなかった。その背景には、中国が人間の安全保障という考え方を西洋社会の考え方の押し付けと受け止めたことや、人間の安全保障を名目に国内問題へ干渉されることを懸念して、反対したためであった。しかし、二〇〇三年に重症急性呼吸器症候群(SARS)の発生、二〇〇六年に鳥インフルエンザの流行といった感染症を経験した中国は、人々の安全が損なわれる越境脅威を認識し、これらの感染症の流行がビジネス客や観光客の減少などを通じて自国経済へ深刻な影響を与えたことから、軍事的な安全保障を超えた広義の安全保障にも関心を示すようになった。その流れの中で人間の安全保障についても「人類的安全」という表現に翻訳して受け入れるようになったと言われている。このような解釈をとることで、アジアにおけるASEAN関連の会議に中国が参加している場合でも、人間の安全保障という表現が宣言などの文書に挿入されることに反対しなくなった[8]。

一方、東南アジア諸国ではおしなべて、人間の安全保障という概念や用語への正面からの強い反発はなかった。これは一九八〇年代に日本が考案した「総合安全保障」という広義の安全保障の解釈が東南アジアで採用され、人間の安全保障はいわば総合安全保障の概念に、国家に加えて人間やコミュニティの次元が加わったものと受け止められたからである。また、人間の安全保障という理念が、パキスタンの経済学者マブーブル・ハクやインドの経済学者アマルティア・センによって考案されたことから、アジア諸国にとっては比較的馴染みやすい面もあったであろう。例えば、メリー・カバレロ・アンソニーは、「人間の安全保障は、（アジア）地域の安全保障上の懸念を具現化するものであり、もっとも脆弱な立場にあるものが排除されたり、孤立することなく自らの言葉で安全問題を主張することのできる道を見出すことができる用語である」との見解を示している[9]。

ASEAN関連の会議文書をたどると一九九九年一一月にマニラで開催された第三回非公式首脳会合において報告された賢人会議の議長プレス・ステートメントの中に、人間の安全保障という文言が含まれた。また、二〇〇〇年一一月のシンガポールにおける第四回ASEAN非公式首脳会合に提出された賢人会議の「ビジョン2020」に関する報告書の中では、「（ASEANの）長期的な目的は人間の安全保障の実現とASEAN地域全体の発展である」と明確に言及された。

さらに、ASEAN＋3の将来像を提言した東アジア・ヴィジョン・グループ（East Asia Vision Group）という有識者グループが二〇〇一年に発表した「東アジア共同体をめざして」と題する報告書の中でも、「人間の安全保障」を東アジア共同体構築の目標のひとつとすることが謳われた。この報告書を踏まえた政府間組織、東アジア・スタディ・グループ（East Asia Study Group：ＥＡＳＧ）も、人間の安全保障を地域協力のテーマのひとつと位置づけた[10]。このように東アジア地域の文書にも、次第に人間の安全保障の表現が盛り込まれるようになっている。

また、研究者たちが学問的に人間の安全保障を採りあげるケースが増えていった。ＡＳＥＡＮの戦略問題研究所の連合であるＡＳＥＡＮ ＩＳＩＳは、二〇〇三年に『東南アジアにおける開発と安全保障』[11]と題した三巻からなるシリーズを発表した。これは安全保障と開発の連関を分析した報告書であった。特に環境、人間、グローバル化について移住、労働、女性などの問題に関するケーススタディを実施した。現在、人間の安全保障が課題としているテーマをいち早く東南アジアで研究した報告書であり、ＡＳＥＡＮ ＩＳＩＳとして人間の安全保障の域内での主流化を目指した研究と位置付けられている[12]。

東南アジア各国は、安全保障上の脅威が戦争以外にも広がり、多様化しているという新しい認識についてはいずれの国も受容したが、「人間の安全保障」という言葉の受け止め方をめぐっては、各国が諸手を上げて賛成した訳ではなく、国によってかなりの温度差があった。これは中国と同様、「人間の安全保障という言葉は西欧思想であり、リベラルな発想から生まれている」[13]と受け止めたことがあり、アジアには西欧とは異なる価値観があるとの主張も展開された。これまでの軍事的な安全保障のみを考えているのでは今日的な安全保障の脅威、例えば不法な人口移動や環境汚染、麻薬の密輸、越境犯罪には対処できないとの理解は広がったものの、人間の安全保障の広義の解釈はあまりにも脅威となる対象が多すぎて理解しがたい側面もあったためだろう。

同時に、狭義の安全保障には武力介入が含まれ、そのことによる抵抗感もＡＳＥＡＮ諸国には見られた。特に、一九九七年にタイから発生した金融危機を経験した直後には、わずかでも内政干渉につながる恐れのある理念を受け入れることは難しかった。また、日本とカナダが人間の安全保障の解釈をめぐって、「欠乏からの自由」と「恐怖からの自由」に分かれて各々の人間の安全保障論を展開したことが、ＡＳＥＡＮ諸国を混乱させ、ある意味で分断させたとの指摘もある[14]。したがって東南アジアでは広義の安全保障については、それまでの軍事的な安全保障を「伝統的安全保障」と呼び、それ以外のものを「非伝統的安全保障」という表現で表すことが多かった。

しかしながら、議論を重ねる中で、アミタフ・アチャリャが「人間の安全保障とは社会全体に適用されるものであり、非西欧社会においても通用するものである」[15]との解釈を示し、人間の安全保障という概念は西洋の考え方の押し付けではないとの見解を示したことからアジアでも理解が広がり、国により濃淡は残るものの東南アジア諸国においては外交政策上人間の安全保障という表現について大きく意見が対立することはなくなった。メリー・カバレロ・アンソニーも「ＡＳＥＡＮにとって人間の安全保障は安全保障と開発を結ぶものであり、安全保障を考えるもう一つの道を開くものだ」[16]との見方を示した。このような受け止めの変遷を踏まえ、カナダのポール・エバンスは東南アジアにおける人間の安全保障の受け止め方について「東南アジア諸国では、当初介入的、西洋的、反主権的であるという反発はあったものの、域内の議論において人間の安全保障は居場所を得ている。各国や地域機構の中には人間の安全保障という言葉を用いることに躊躇を示すところもあるが、人間の安全保障は国家の義務や主権と内政不干渉の原則に対しても、その規範的な枠組みを変える上で触媒的な役割を果たしており、次第に反発は弱まっている」[17]と分析している。

むしろ東南アジア各国は人間の安全保障を外交政策のフレームワークのみならず、自国が国内で抱える社会福祉、社会開発、人身取引、難民保護などの人間の不安全(human insecurity)[18]の問題に適用しているケースが多い。換言すれば、国内に人間の安全保障が確保されていない状況があり、これに適用して考えている場合が見られる。この状況について、紙幅の関係から以下では本書の事例研究の対象となっているタイとフィリピンを採りあげて考察する。

◆タイと人間の安全保障

東南アジア諸国の中では、とりわけタイが当初から人間の安全保障の考え方に積極的に共鳴したが、そこには外交政策としての側面と社会福祉としての国内政策の側面の二面性があった。前者については、一九九七年のアジア通貨危機後に注目された。タイは一九九八年七月に開催されたASEAN拡大外相会議において、当時のスリン・ピツワン外務大臣がASEAN拡大外相会議人間の安全保障協議体（ASEAN PMC Caucus on Human Security）設立を提案した。これは人間の安全保障の立場から経済危機による失業、貧困、社会保障などの問題を緩和すべく地域としての対応を協議しようという提案であった。しかしながら、加盟国は、国内問題を地域機関で取り上げられることによって主権を侵されるのではないかとの懸念から、タイによる提案を支持しなかった。

そこでタイは独自に、人間の安全保障の広義、狭義の解釈の両方に賛同し、カナダとノルウエーが主導した人間の安全保障ネットワークにも設立当初から参加した。二〇〇二年には、タイが同ネットワークの議長となり、ＨＩＶ／ＡＩＤＳや人身取引、保健衛生分野の能力構築支援などの問題を採りあげた。

このようにタイが積極的に外交政策としての人間の安全保障を推進した背景には、同国の外務大臣であったスリン・ピツワンの存在が大きい。同氏は、日本が主導した人間の安全保障委員会にも参加し、人間の安全保障とは何かという定義問題の議論にも貢献した。またカナダが主導した人道的介入を協議する干渉と国家主権に関する国際委員会（International Commission on Intervention and State Sovereignty：ＩＣＩＳＳ）にも参加し、保護する責任の考え方を打ち出した。さらに前述の国連サミット成果文書のフォローアップとして日本が主催した人間の安全保障フレンズ会合にも常に代表を送り、熱心に議論を推進した。さらに、一九九九年に日本が設立した国連の人間の安全保障基金にもタイは二〇一三年に三万ドルを拠出している。ピツワンはその後、ＡＳＥＡＮの事務総長もつとめ、その職責においても人間の安全保障を積極的に推進したことで知られている。

しかしながら、タイでは二〇〇五年に政権交代が起きた。保守党政権になり、ピツワンが外務大臣の職を辞すると、それ以降、タイは人間の安全保障に外交政策の面では積極的な動きを見せなくなり、むしろ人間の安全保障を国内政策に適用する側面を次第に強めていった。

前述のようにASEANで人間の安全保障を協議する組織を作ることに失敗したタイは、その後、二〇〇二年に社会開発・人間の安全保障省（Ministry of Social Development and Human Security）を設置し、この組織を中心に国内政策としての人間の安全保障を採りあげるようになった。そのきっかけとなったのはタイ南部の騒乱であったと言われている[19]。

さらにタイの社会開発・人間の安全保障省は、次第に社会開発と合わせて人身取引（本書第二章参照）の問題に深く関わるようになった。これは、米国国務省の発表する人身取引報告（Trafficking in Persons Report）で二〇〇四年にタイの人身取引がウオッチリストに収載されたことがきっかけとなった（本書第三章を参照）。

このようにタイでは世界初の人間の安全保障省が設立されたが、その内実は同国の抱える社会福祉問題、中でも人身取引問題に焦点をしぼる結果となっている。ピツワンも「これ（人間の安全保障省）は社会福祉に特化するようになり、人間の安全保障全体をカバーしなくなった」と述べており、「安全保障への包括的な取り組みとはいえない」と指摘している[20]。

このようにタイでは人間の安全保障は当初外交政策として採りあげられた後、広義や狭義の解釈論争に翻弄されることなく、三つの自由を含む解釈を早くからとりつつ、世界でも初めての人間の安全保障を所掌する省を設立したが、むしろ国内問題、特に社会福祉政策という脈絡で用いる様になっている。

◆フィリピンと人間の安全保障

フィリピンでは、「人間開発報告書」で人間の安全保障が取り上げられた翌年の一九九五年に、政府が主催した人間と生態学的安全保障に関する会合で、国家の課題として人々の保護と環境保護が優先されることが合意されて以降、多様な脅威に対する概念として人間の安全保障が認知されている[21]。フィリピン政府はＵＮＤＰと連携し、人間の安全保障の視点を紛争影響下にある地方のガバナンスに取り入れる試みも行ない、経済、食料、保健衛生などを軸に推進した。紛争が続くミンダナオでは人間の安全保障指標を導入することもパイロットプロジェクトとして行われた[22]。このようにフィリピンでは、ＵＮＤＰとのパートナーシップにおいて人間の安全保障の概念が検討され、政策への反映も模索された中で、開発の側面が強調されてきた。

一方、フィリピンは二〇〇七年に人間の安全保障法（The Human Security Act）を成立させた。これはあらゆるテロ行為から生命、自由並びに財産を守ることを目的としたもので、テロをフィリピンの国家安全保障並びに国民の福祉を損なう行為として糾弾し、人類に対する犯罪と位置づけている。フィリピン国内でも特に不安定な南部のミンダナオの状況を念頭に制定されたと言われている。しかしながら、同法は名称とは裏腹に、内容的には人間の安全保障の理念が限定的にしか反映されておらず、ミンダナオの市民の安全を総合的に実現する取組とは程遠いものだったため、同地の不満解消にはつながらなかった[23]。一方、同法の成立に伴い、フィリピン国内では国家中心の安全保障を選択すべきか、人間中心の安全保障を選択すべきか、という激論が展開された。市民社会は同法が人間の安全保障を限定的に用い、テロが人間の安全保障を損なうものだとしたことに反発し、人間の安全保障委員会の結論、人間の安全保障ネットワークでの理解と異なると同法を糾弾した[24]。同法が多くの論議を呼んだ結果、皮肉にもフィリピンでは、それ以降、人間の安全保障という用語があまり用いられなくなった。

しかしながら、フィリピンにおいても国連総会決議で人間の安全保障に関する共通理解が合意されたことを受け、テロに限定せず、より幅広く人間の安全保障が解釈されるようになっている[25]。和平合意、平和構築を目指すミンダナオを抱え（本書第四章を参照）、平和構築と開発の両面からの人間の安全保障の実践の模索は続く。また、フィリピンは人間の安全保障を国内政策に反映するのみならず、越境課題に対して対外協力にも適用しようとしている。すなわち人間の安全保障については、海外から援助を受けるのみならず、援助の提供側、すなわちドナーとしての役割を果たす上でもこの概念を応用しようとする模索も行われている[26]。その意味ではフィリピンもタイと同様に、外交政策と国内政策の両面から人間の安全保障の課題に取り組もうとしていると言えよう。

このように東南アジア諸国では、外交政策としての人間の安全保障が広く認知される一方、各国ごとに人間の安全保障の概念の受け止め方は多様である。上述の通り、タイではまず外交政策として、のちに人身取引などの国内政策に用いられる一方、フィリピンの事例のように、まず国内政策に用いられ、近年になって外交政策にも取り入れられるようになっている国もある。いずれにせよ、東南アジア各国には軍事的な安全保障に限らず、安全保障は幅広い分野にまたがるものであり、国家安全保障と合わせて越境する諸課題も含まれるという認識は共有されるに至っている。これらの諸課題の解決に国際社会、特に日米が東南アジア諸国の伝統的な安全保障を含め、包括的な安全保障課題をどのように位置づけ、どのように協力して取り組んでいるのかを次節において考察したい。

3 日本と米国の伝統的安全保障を超えた取組

それでは日本と米国はそれぞれ伝統的安全保障を超えて人間の安全保障が対象とする脅威をどのように受け止め、取り組んできたのだろうか。

◆日本の包括的安全保障への取組

日本は、かねてより安全保障を軍事的なものに限定せず、総合的に解釈してきた。これは時の大平正芳首相が設けた研究会により「総合安全保障」として一九八〇年に提言されたことに表われている。一九七〇年に二度の石油危機に逢着した日本がエネルギーや食料の安定供給も視野に入れて考えた安全保障概念である。提言では軍事的な安全保障と合わせて多次元化する脅威として経済問題や自然災害まで広範囲な課題への取り組の必要性が指摘された。そして安全を確保する手段としても軍事力のみならず経済政策、外交政策、開発援助、防災なども含まれた[27]。

この総合安全保障の考え方は、日本国内をはじめ、インドネシア、マレーシア、シンガポール、フィリピンなど東南アジア諸国においても支持されてきた。この様な考え方があったことから、日本は人間の安全保障の概念に接した時に総合安全保障を国家レベルのみならず人間の単位でも考えることと解釈して積極的に取り入れた。また、日本は憲法前文において「われらは、全世界の国民が、ひとしく恐怖と欠乏から免れ、平和のうちに生存する権利を有することを確認する」と述べており、これが日本の「恐怖からの自由」と「欠乏からの自由」、さらには「尊厳を持って生きる自由」を包含する広義の人間の安全保障の解釈につながったと言えよう。そして一九九八年、小渕恵三首相がベトナムのハノイにおける政策演説において、前年通貨危機に見舞われた東南アジア諸国の脆弱な人々に対する日本の支援について述べた際、人間の安全保障の理念を用いた。以来、日本は一貫して人間の安全保障の概念整理、周知、並びにその実践に積極的に取り組んできた。歴代の内閣は濃淡こそあれ、それぞれの政策課題を人間の安全保障に応用して推進に貢献してきた。一九九九年の外交青書に明記されたように、当初、人間の安全保障は外交政策全般の柱のひとつとされたが、その後は、外交政策の中でも国際協力とりわけ開発援助の指導理念として位置付けられるようになってきている[28]。

ちなみに人間の安全保障の概念は、二〇〇三年に改定されたODA大綱に初めて盛り込まれた。そこには「紛争・災害や感染症など、人間に対する直接的な脅威に対処するためにはグローバルな視点や地域・国レベルの視点とともに、個々の人間に着目した人間の安全保障の視点で考えることが重要である。このため我が国は、人づくりを通じた地域社会の能力強化に向けたODAを実施する。また、紛争時より復興・開発に至るあらゆる段階において、尊厳ある人生を可能ならしめるよう、個人の保護と能力強化のための協力を行う」とある。さらに、このODA大綱を実践するべく二〇〇五年二月に策定されたODA中期政策においては、人間の安全保障の視点を踏まえつつ「貧困削減」「持続的成長」「地球規模の問題への取り組み」「平和の構築」という四つの重点課題に取り組むこととされた。これにより、人間の安全保障の実践のひとつとして平和構築が位置付けられた。

さらに二〇一三年一二月に発表された「国家安全保障戦略」にも、人間の安全保障が盛り込まれた。具体的には、グローバル化が進むことにより「貧困、格差の拡大、感染症を含む国際保健課題、気候変動その他の環境問題、食糧安全保障、更には内戦、災害等による人道上の危機といった一国のみでは対応出来ない地球規模の問題が、個人の生存と尊厳を脅かす人間の安全保障上の重要かつ緊急な課題となっている」との認識を示し[29]、人間の安全保障の実現のために開発援助に取組み、貧困削減、国際保健衛生、教育、水等の分野の取組みを強化することを謳った。あわせて自然災害についても防災のための国際協力を進め、災害に強い強靭な社会をつくることを目標として示した[30]。

これを踏まえて二〇一五年二月に閣議決定された開発協力大綱（ODA大綱を改称）では「人間の安全保障」は三つの基本方針である「非軍事的協力による平和と繁栄への貢献」、「人間の安全保障の推進」、「自助努力支援と日本の経験と知見を踏まえた対話・協働による自立的発展に向けた協力」の二番目に取り上げられた。すなわち同大綱では、人間の安全保障を開発協力の指導理念のひとつと位置づけたのである。

二〇一六年一二月一九日、東京渋谷の国連大学で開催された日本の国連加盟六〇周年記念行事に出席した安倍晋三首相は祝辞で「日本の国連加盟を推し進めたのは、国際社会の一員として、世界平和と繁栄に貢献する国になりたいという、国民の思いであり、以来日本は国連活動の主要な柱である平和・難民・開発などの分野に全力で取り組み、難民支援において、緊急の人道支援から復興支援まで積極的な役割を果たしてきた。日本は現在、加盟国中最多の一一回目となる安保理非常任理事国をつとめており、これは日本の貢献への高い評価とともに、強い期待の表れである。日本は国際協調主義に基づく積極的平和主義を高く掲げ、ＰＫＯや人間の安全保障などの分野でさらに貢献していく」[31]という決意を表明した。さらに同演説の中で、安倍首相は、国連は日本が人間の安全保障を推し進める場でもあるとした上で「人間の安全保障の考え方の下、一人ひとりがその豊かな可能性を実現できる社会こそが平和の礎です。一人ひとりの人間に重きを置いて、教育・保健医療の普及そして、女性を支援してきたのは、その実践です」と述べた。このように日本は、一九九八年以来、一貫して人間の安全保障を普及・推進する立場をとってきた。そして理念の周知については前述の国連総会による人間の安全保障の共通理解に関する決議の採択によって、一区切りをつけた。これからは人間の安全保障の理念をいかに実践する(operationalize)するかに力点が移ってきており、日本は前述のように開発協力において人間の安全保障の実現のために尽くそうとしている。

日本は総合安全保障という概念を提案して以来、一貫して包括的な安全保障に取り組んできており、近年では人間の安全保障という概念を活用しながら国際の平和と安定に貢献しようと積極的に取り組んでいる。

◆米国の包括的安全保障への取組

アメリカでは、「人間の安全保障」という用語そのものに対しては懐疑的な見方が多い。前述の二〇〇五年の国連サミット成果文書に人間の安全保障が盛り込まれ、国連においてその定義など議論していくことが合意された翌年九月には、米国のシンクタンクであるヘリテージ財団が人間の安全保障に関する警告を盛り込んだ報告書を発表した。同報告書は、「国連においては人間の安全保障が国家安全保障を代替する、より優れた概念として提唱されている」と警鐘を鳴らした。「多国間機関、特に国連において、国家ではなく人間を安全保障の基本単位として推進しようとしているが、これはアメリカの国家安全保障を損ないかねない。米国政府は人間の安全保障という考え方を国連において採用しないように努めるべき」であると提言した。さらに同報告書は、「人間の安全保障はネオリベラルな思想であり、二〇世紀後半のウィルソニアン的な考え方の遺物」と批判した[32]。

しかし、米国にも人間の安全保障の考え方に関心を寄せる関係者もいる。例えば、プリンストン大学名誉教授のアン・マリー・スローターは、この考え方について理解を示した上で、国家が崩壊すれば国民はさらにひどい貧困と暴力にさらされるとの見解を示している。例えば、市民の保健衛生の確保のためには国家制度の整備が不可欠である。国内の様々な制度が整備されることにより、究極的に秩序が回復され、テロリストの抑制にも繫がるというのである[33]。あくまでも国家が人間の安全保障を保護するという立場であるが、客体として人間の次元を認め、また安全保障の脅威の多様化にも共鳴している。

また、人間の安全保障に対しては否定的な意見が強いアメリカにおいても、開発援助に関連した政府文書や政府高官の発言の中に人間の安全保障の考え方が含まれるようになっていることを指摘しておきたい。

米国政府の文書としては二〇一〇年に初めて発表され、その後四年毎に発表されるようになった外交開発援助レビュー(Quadrennial Diplomacy and Development Review：QDDR)を見ると人間の安全保障の要素やアプローチが多く盛り込まれている。このレビューの中でオバマ大統領やクリントン国務長官は、開発援助(Development)を外交(Diplomacy)、国防(Defense)と並ぶ米国の対外政策の三本柱と位置付け、いわゆる三つのDとしている[34]。さらにグローバル化が進む時代における越境脅威として、飢餓、貧困、疾病、気候変動などをあげ、これに対応することがアメリカの国家安全保障や経済的利益、そして価値観のために重要であるとしている[35]。これらの諸課題に対し、グローバル保健衛生イニシャティブ(GHI)、グローバル飢餓食料安全保障-未来に食料を(FtF)、グローバル気候変動イニシャティブ(GCCI)などを打ち出した。一例を挙げると、食料安全保障では経済成長、個人所得水準の引き上げ、貧困削減などの政策を包括的に実施することが必要であると記述されている。具体的には、USAIDが農業分野の技術指導をするのみならず、タンザニアでは民間企業と協力をしてアグリビジネスの開発を支援すること、道路などのインフラ整備を組み合わせて実施していることなどが紹介されている[36]。QDDRに示されている政策と脅威認識はまさに人間の安全保障の考え方に沿ったものと言える。

そして開発援助にあたっては、国務省やUSAIDのみならず、関連する省庁との協力、さらにはNGOなどの市民社会との協力が不可欠と多様なアクターとの連携の必要性が強調されている[37]。これはまさに人間の安全保障アプローチの特色である分野横断型の包括的な主体の連携に他ならない。

しかしながら、QDDRの中には人間の安全保障という用語は見当たらない。他方当時のクリントン国務長官はこのQDDRについてPBSとのインタビューの中で次のように述べた。「人間の安全保障はアメリカの外交政策の中で取り上げる理念だと思っている。だからこそQDDRの中核概念として人間の安全保障を採りあげた。特に人間が安全な環境で生きることができるような条件を作っていかなければならない……そして人間の命と尊厳を尊重しなければならない」[38]。これはまさに人間の安全保障の核心となる考え方に他ならない。二〇一四年にケリー国務長官が発表したQDDRにおいても同様の考え方が踏襲されている。

また、二〇一六年九月にカーネギー国際平和財団(Carnegie Endowment for International Peace)、新アメリカ安全保障センター(Center for New American Security)、米国平和研究所(United States Institute of Peace)が発表した「国家脆弱性に対する米国のリーダーシップと課題(US Leadership and the Challenge of State Fragility)」報告書では紛争予防のために脆弱国家に対して早期から幅広く分野横断的に支援する必要があることが提言されている。これは二〇一七年一月に発足した新政権に対する政策提言の形でまとめられたものであるが、脆弱な国家に対して戦略的かつ選択的に支援すべしとし、特に難民問題から感染症、経済の悪化までのグローバルな不秩序(global disorder)に対処するには社会契約が崩壊している国への取り組みが不可欠であると指摘している。さらに脆弱性がアラブ世界の混乱、難民危機、疾病から経済問題に至る諸問題の根底にあると分析している。また、国家の脆弱性が二〇一〇年以来の難民の急増の原因となり、六五〇〇万人の人々が自分の家から避難しなければならなくなっていると注意を喚起している。そして、安全保障、政治、能力不足などの問題にはそれぞれ別個に対策を練っても効果は期待できず、全体を包括的かつ体系的に取り組む必要があると提言している。脅威を一つずつ単独で解消しようとすると、むしろ意図せざる結果さえ生みだしかねないとも警告している。また、この報告書においても関係省庁が認識を共有し、お互いの持つツールをどのように組み合わせることが有益かを検討すべしと提言している。したがって、この報告書で示されている安全保障上の脅威やそれに対する政策アプローチも、人間の安全保障のアプローチと通じる部分がある[39]。

一方日米両政府間の公式文書では人間の安全保障が取り上げられている。例えば、二〇一一年六月に開催された日米安全保障協議委員会(通称2＋2)の共同発表において「脆弱な国家を支援し、人間の安全保障を促進するために、人道支援、ガバナンス及び能力構築、平和維持活動並びに開発援助の分野における日米協力を強化する」と盛り込まれた[40]。さらに、二〇一四年のオバマ大統領訪日時の共同声明「アジア太平洋及びこれを超えた地域の未来を形作る日本と米国」[41]の中で、日米両国が取り組むグローバルな課題の中において「日米両国はアフリカを含む平和、安定及び経済成長を推進することにコミットしている。最近立ち上げられた高級実務者レベルの日米開発対話を通じ、日米両国は、これらの地域における開発協力を拡大している」として具体的なテーマの一つとして人間の安全保障が盛り込まれた。さらに、二〇一五年の安倍総理訪米時の首脳会談で合意された日米共同ビジョン声明においても「人間の安全保障促進のために協働する」[42]ことが盛り込まれた。

これらの文書を見ると、日米ともに人間の安全保障を推進しているかの印象を受けるが、実際に米側関係者にインタビューしてみると、日本側が強く主張したことから人間の安全保障という文言を共同宣言に入れたまでである。米側にとっては人間の安全保障という概念は曖昧模糊としており、どう実践して良いかわからないためにカスケード効果は期待できないという反応が返ってくることがある[43]。

筆者が二〇一六年九月に実施した米国ワシントンDCにおける研究調査[44]で、有識者や米国政府関係者は、人によって濃淡はあるものの「人間の安全保障という用語はアメリカでは、政府でも学会でもほとんど耳にしない」「人間の安全保障という言葉は、ソフトでつかみどころがなく、曖昧でアメリカに馴染まない」「具体的に何をしようとしているかがわからないので政策の枠組として使いにくい」「アメリカ人は実践的(pragmatic)であるから人間の安全保障という漠然としたものは馴染まない」といった意見が大勢を占めた。人間の安全保障の理念の意味が曖昧だという意見に対し、前述のとおり国連総会決議によって国連加盟国の間で共通理解が成立していることを指摘すると「そのような決議が国連で採択されているならば、むしろ逆効果である。アメリカには国連が国家安全保障に役に立っていないという見方が強く、国連が人間の安全保障という概念を採用しているならば、余計に使いたくないという向きもある」「日本は憲法九条の制約があるために軍事的な安全保障では積極的な役割が果たせないことから人間の安全保障というような表現にこだわるのだろう。その事情は理解するが、米国にはそのような必要性がないし、また国家安全保障を優先するアメリカにはなじまない表現である」という意見もあった[45]。

このような考え方は、マイケル・マンデルバウム教授の著書『失敗したミッション(*Mission Failure*)』のなかの、一九九一年の湾岸戦争後のアメリカ外交政策、特に一九九三年から二〇一四年まで続いたソマリア、ハイチ、ボスニア、コソボ、アフガニスタン、イラクなどへの介入や国づくり支援が失敗だったとする議論に反映されているとも言えよう。同教授はアメリカの冷戦後の国づくり支援や人道的介入は、それぞれの政権によって理由づけや手法は異なったものの、アメリカの民主主義と制度を破綻国家に持ち込もうとしたものであったが、馬を水のところまで連れて行くことはできても、水を飲ませることはできなかったとして、アメリカ外交政策の失敗であったと結論づけたのである[46]。

しかし、面談した中でリベラルな考え方を示す有識者や、開発、能力構築支援などを推進する立場の人々の中では、安全保障はもはや軍事的なものには限定されないので、人間の安全保障という考え方にも関心があるとの意見もあった。例えば、カーネギー国際平和財団における人間の安全保障に関するラウンドテーブル（二〇一六年九月一三日開催）では、「テロ対策は単にテロ発生後の対処だけでは不十分であり、ホームグローンのテロが増えている中では、その原因となるものを除去しなければならない」、「ジカ熱やエボラなどの感染症への関心も経済への影響も含めて高い」と脅威の多様化を指摘する声も多かった。さらに、広義の安全保障に対して包括的な取り組みが必要との認識は高まっており、同月に米国が打ち出した「Our Ocean（我々の海）」というプロジェクトも海洋安全保障を意図しながら、海洋の環境や漁業資源管理までを網羅した幅広い内容になっているとの意見も出された。そして、日本が考える人間の安全保障が提示する課題については、米国も共有するところであるから具体的な脅威、具体的な分野を提示して取り組むアプローチであれば実質的な日米協力の実を上げられるのではないかという意見が強かった。

筆者と米国の有識者との議論では、安全保障をもはや軍事的なものに限定して考えることは変容する安全保障課題には合わない、むしろ広義の安全保障を考えるべきだという点で意見は一致した。我々の安全や安心を守るという意味では軍事的なものだけではないという考え方では収斂している。しかし、安全保障という庭に生えている樹木や藪については前述のように個々に特定して殺虫した方が良いという意見や、それでは同じ藪を狙っていても実際には異なる樹木を狙っていることにもなりかねないといった反論もあった。

庭である広義の安全保障については、「非伝統的安全保障」という表現の方がイメージしやすいかと問うたところ、「非伝統的安全保障という表現は、より広義の安全保障が模索された一九九〇年代には使われたが、最近は米国ではほとんど耳にしない。非伝統的安全保障はアジアが好んで使っている表現という認識だ。そもそもアメリカは『何々ではない』という否定的表現は好まない。」「今や非伝統的と分類されていた安全保障上の脅威が伝統的な分類に入って来ており、伝統的と非伝統的安全保障の境目がぼやけて来ている。そのような時に非伝統的安全保障という表現を用いることは適切ではない」「人間の安全保障の方が知的なまた政策面での議論が積み重ねられておりまだわかりやすい」などの意見が示された。

その上で二一世紀の安全保障環境に適合するアンブレラ的な表現を用いるのであれば、人間の安全保障や非伝統的安全保障というラベルよりも、むしろ日本がかつて考案した「総合安全保障」を復活したほうが、まだ受け入れられるのではないかという指摘も複数あった。

事実、このラウンドテーブルを主催したジェームス・ショフは日米同盟に関する近著で「日本はグローバルシビリアンパワーとして開発と紛争予防に総合安全保障もしくは人間の安全保障を用いてきた」[47]と描写している。さらにこれは日本が伝統的な軍事的安全保障で貢献するには制約があることと、文化的にホーリスティックなアプローチを志向するからである[48]と分析している。しかしながら、同氏は同時に「日本は総合安全保障や人間の安全保障を外交政策の堅牢な原則にまでは十分には育てていない」[49]と指摘している。

そこで本章においては広義の安全保障という庭を「包括的安全保障」として位置づけて考察したい。さらに二一世紀の安全保障の特徴を考えると、領土保全から、国内紛争、テロ、気候変動、感染症、人身取引、武器の密輸などに広がる脅威は少なからず単体で発生せず、複数のリスクが絡んで危機として表面化することが少なくない。それだけにこれらへの取り組みのアプローチもまた包括的かつ越境的でなければならない。

4 東南アジアにおける包括的安全保障実現のための日米協力の方向性

◆日米同盟に基づく協力の水平線の拡大

平和と安定のための日米協力は一九八〇年代から、世界への貢献と位置付けられ、日米の共通課題、コモンアジェンダを特定して協力をしようという取り組みがなされてきた。これは、一九七〇年代から続いた日米貿易摩擦問題を解決し、経済のみをアジェンダにするのではなく、安全保障面でも協力を推進しようとする試みから始まった。九〇年代にはグローバル化と脅威の多様化を背景として、地球規模課題(グローバルイシューズ)について日米の共通のアジェンダとして取り組むことが行われてきた。米国も国家安全保障戦略(NSS)でより広義の安全保障も視野に入れ、紛争予防や能力構築支援にも取り組むように変化してきた。

一方、日本は二〇一二年に発足した第二次安倍政権において「積極的平和主義」が打ち出され、集団的自衛権に新しい解釈を導入し、二〇一六年三月には安全保障関連法を施行して、日本が取り組むことのできる安全保障上の範囲を広げている。また、二〇一三年に閣議決定された「国家安全保障戦略」では地域、グローバルな平和と安定のための新たな貢献の方向性が打ち出されている。特に伝統的安全保障とあわせて広義の人間の安全保障も含めてグローバルな、そしてアジア地域の平和と安定のために能力が発揮できる分野で、国際社会と協力しようという方向性が示されている。このような動きが日米協力の水平線を拡大していると言えよう。

こうした認識は、前述の2+2や、日米の共同声明にも人間の安全保障が盛り込まれたことに現れている。米国は日本とは海洋安全保障の確保、特にアジア各国の沿岸警備能力の構築で協力してきている。アメリカは二〇一五年のシャングリラ対話において、カーター国防長官が海洋安全保障イニシャティブを打ち出しており、予算をつけて取り組んでいるが、日本がフィリピンやベトナム等に巡視船を提供し、能力構築支援に取り組んでいることを高く評価している。さらに二〇一七年二月の安倍首相訪米時に発表された日米共同声明においても日米同盟がアジア太平洋地域の平和と繁栄及び自由の礎であり、これを強化することが謳われた。同年八月一七日に開催された日米安全保障協議委員会共同発表では、「東南アジア諸国との協力に関し、海洋安全保障、防衛制度の構築、並びに人道支援および災害救援(HADR)を含む分野における能力構築プログラム……を一掃強化する意図を確認した」と述べられ、伝統的安全保障を超えた協力が述べられた[50]。すなわち日米同盟が北朝鮮の核・ミサイル開発に対する防衛にとって重要であるとともにアジア地域の安全保障に重要であることが強調された。

これは米国が、近年日米同盟の運用面でも、日本が伝統的な安全保障面でより大きな役割を果たすことを期待するとともに、アジア地域の平和と安定のためにシビリアンパワーとしての貢献を求めてきたことを示している。前者については特に冷戦終焉後一貫して日米同盟強化が志向されてきた。これは、近年北朝鮮が核ミサイル開発を加速化させ、地域安全保障環境が厳しさをます中でますます重視されている。しかし、後者の包括的安全保障については、その時点での日米同盟の置かれている地域安全保障環境や政策課題によって力の入れ方は変化してきた。第三章、第四章、第五章で安全保障課題は、安全保障政策面のみならず、外交政策や開発援助政策も含めた対応が求められ、かつ目に見える成果が出にくい側面があるため、どうしても伝統的な安全保障面での協力の陰に置かれてきた感がある。ショフは、「アメリカの政府当局者も現地の安定と開発の促進に対してより包括的なアプローチを取ることの価値は理解できるが、ワシントンの政治的な環境が軍事的な予算や国家中心の支援の場合と異なり、人間中心の能力構築支援等へ多額の予算をつけることはなかなか難しい」と米側の事情を説明している[51]。

しかしながら、現在の安全保障上の脅威の多様化と複合化は不可逆的であり、一次元的に解決することができないことは日米両国の共通の認識になっている。そのためには協力する対象においてもアクターの面においても両国ともに政府横断的な取り組みが不可欠であることも共通認識になっている。

◆本書の事例が示唆する日米協力の可能性

ワシントンDCと東京で、軍事的な安全保障以外の広義の安全保障課題について、日米が協力して取り組むという明確な共同戦略や方針は未だ打ち出されていない。しかしながら、実際のフィールドでは、すでにそのような協力が行われていることを想起しておきたい。例えば、本書の第三章、第四章、第五章で採りあげた事例を辿ってみても当初から日米協力ということが政府の政策として打ち出されてはいなかったが、結果的に日米のそれぞれの活動が相乗効果を上げている事例が紹介されている。

タイにおける人身取引問題への取り組みでは米国が規範づくりをリードし、国務省の人身取引報告書を発表したことが契機となり、前述のようにタイ政府はこれを人間の安全保障の問題と位置づけて取り組んでいる。そして米国はＵＳＡＩＤを通じて司法強化のための技術支援を実施し、タイの人身取引対策を改善している。日本はＪＩＣＡが被害者救済に力を入れ、保護と自立支援のためのプロジェクトを実施している。日米はともに人身取引問題に着目し、異なったアプローチでタイの人身取引問題の解決に努力し、結果としてタイにおける人身取引の予防や削減や被害者の救済が行われている（本書第三章参照）。

第四章のフィリピンについては、かねてより日米両国は安全保障協力を実施してきたが、ミンダナオの紛争問題についてもそれぞれ解決に向けて支援して来ている。紛争が続くミンダナオへは、日本は二〇〇六年に国際監視団にＪＩＣＡ職員を派遣し、社会開発（農業支援など）を支援してきた。さらに二〇〇九年からは国際コンタクトグループを通じた和平プロセスの支援も実施している。日本が和平合意成立前から紛争影響下にある地域を支援するのは初めてのケースであったが、緒方貞子理事長（当時）のイニシャティブにより、和平の目処が見えてきた段階からシームレスに支援することが実施されている。また、二〇〇六年からはＪ－Ｂｉｒｄ（Japan-Bangsamoro Initiatives for Reconstruction and Development）と銘打って草の根レベルの復興開発の支援も技術協力、無償資金援助、有償資金協力を組み合わせて実施している。

一方、米国はミンダナオに対して米軍が支援するほか、治安維持のために対テロ対策を打つとともに開発援助も実施している。また、ＵＳＡＩＤはミンダナオの公正な成長計画を一九九五年から実施し、農業開発などを支援しているが主に資金を提供してきた。テロ支援と見なされないようにモロとは距離を置いている。現在はミンダナオの平和と安定を推進する計画が実施されている。現地での活動はＵＳＡＩＤから資金提供を受けているアジア財団がＩＣＧを通じて長く行なっており、リド問題と呼ばれる氏族問題の紛争調停、紛争解決に取り組んでいる。

このようにフィリピン、特にミンダナオにおける日米の支援のアプローチは、米国がテロ防止と経済開発、日本が平和構築と社会開発に力点を置いている。日米両国は開発対話などの場での情報交換を行っているであろうが、明示的な日米協力方針は打ち出されていない。しかし、各々の異なるアプローチがミンダナオの和平と安定という目的に向かって相互補完的な活動になっている（本書第四章参照）。

第五章では二〇一三年一一月にフィリピンを襲った超大型台風「ハイヤン」における日米両国及び米国の同盟国や国際機関の災害救援が紹介されている。現地レイテ島で多数の死傷者や家屋の破壊が発生した中で、日本は自衛隊やＪＩＣＡを派遣して救援活動をおこなった。この折の日米協力を見るとそれまでの人道支援・災害救援活動（ＨＡＤＲ）に関する多国間共同訓練の成果が生きていたことがわかる。また、日米が東日本大震災の際のトモダチ作戦など、協力連携を積み重ねてきたことの成果であるとされている。そしてこのような災害時には複数のアクターの活動を調整することや情報を共有することの重要性が指摘されている。

この台風で被害を受けたレイテ島は第二次世界大戦の激戦地であった。その場で救援活動に従事する日本の自衛隊と米軍艦艇をみて、戦争の和解を感じたというフィリピン関係者の発言はまさに広義の安全保障協力が、伝統的な安全保障から両国関係まで幅広いインパクトを持ちうることを示唆していると言えよう。そして日米同盟関係が、両国の国家安全保障に加えて、広義の安全保障であるところの自然災害にも有効な役割を果たし、レイテ島の人々の救援に役立ったことが実感される。この経験の教訓を整理し、これを将来に活かすべく会議が重ねられていることは将来の防災や災害対応における日米協力にも生かされていくであろう（本書第五章参照）。

このように東南アジアのフィールドにおいては包括的安全保障に向けて様々な形で日米が行なっている支援活動が調整され、結果的に相互補完的効果も生み出している。

さらに、米国が二〇一五年に発表した「国家安全保障戦略」では国防、国土安全、テロの蔓延防止につぐ四番目の項目として「紛争を予防するために能力を構築する」ことが挙げられ、比較的高いプライオリティを与えられている。そして特に「弱いガバナンスと拡大する不満の連関」も課題として指摘されている[52]。二〇一七年一二月にトランプ政権下で発表された「国家安全保障戦略」では、「米国は開発や復興を望む国を支援してきており、これはアメリカ自身のために継続する」(注53「国家安全保障戦略」三八頁)と述べている。さらにインド太平洋地域の項目で「アジアへの前方展開を継続」すると述べ、「東南アジア諸国との同盟関係、パートナーシップ関係を経済、安全保障の両面から強化する」(同四六〜四七頁)と述べている。トランプ政権はオバマ政権と立場は異なるが、アジア、なかんずく東南アジアを視野に入れている[53]。

一方の日本も、国家安全保障戦略に基づき、様々な分野で新たな貢献を実施している。例えば防衛省は二〇一二年から能力構築支援を行っている。防衛省によれば、「能力構築支援とは、自国が有する能力を活用し、他国の能力の構築を支援すること」を言い、「特に安全保障・防衛分野においては、防衛省・自衛隊は自らが有する能力を活用して他国の軍・軍関係機関に支援する」こととされている。日本が能力構築支援をはじめた理由は、日本の平和と安定を維持するためには国際的な連携が必要であり、特に「人道支援・災害救援、海洋安全保障、国連平和維持活動などの安全保障・防衛分野において、能力構築支援の重要性が高まっているから」とされている[55]。

政府の文書としては、二〇一三年一二月に閣議決定された「国家安全保障戦略」において「ODAや能力構築支援の更なる戦略的活用やNGOとの連携を含め、安全保障分野でのシームレスな支援を実施する……体制を整備する」と謳われた。その後の防衛計画の大綱、中期防衛力整備計画に置いても具体的に能力構築支援が挙げられ、特に「米国、豪州との連携」が明記された。

他にも、モンゴルに対しては施設分野の能力構築支援が二〇一四年から実施され、砂利道の整備やアスファルト舗装を含む同国軍隊の土木工事能力の強化をはかることにより、同国が予定している二〇一八年からのＰＫＯ派遣への活用が目指されている。モンゴルには米国、豪州も能力構築支援を実施しており、この連携も模索されている。日米の能力構築支援の有機的な結合も日米協力の水平線拡大の一つになりうるであろう。

おわりに

日米は、近年アジア地域の軍事的な安全保障上の懸念事項の深刻化を抱え、それへの対処のために日米同盟に基づく協力強化に優先的に取り組んでいる。他方そのような時期には人間の安全保障の理念に含まれる多次元的な脅威への関心は、本章で分析したように相対的に薄くなる傾向も否めない。しかしながら、グローバル化の進展は、正負両面を持っており、負の面に直面する人々の不満や絶望感をそのまま放置してはグローバル、地域そしてそれぞれの国家安全保障にも影響を与えかねない時代に入っている。これがかつての冷戦時代の安全保障環境とは大きく異なる点である。

また、多様化する脅威に対しては、伝統的な安全保障へのアプローチと合わせて多次元的なアプローチが必須であることには異論の余地はない。様々なリスクが輻輳して危機に発展する現在においては、日米同盟に基づく協力は、それぞれが得意とする分野での支援や活動を展開することが求められる。無論本書で考察されたように人道支援・災害救援の事例では、明示的な連携を組む場合がある。一方で紛争影響国などへの平和構築や能力構築支援、開発援助など事例では、日米両国が果たすことのできる役割が当該国との政治的な関係などにより異なる場合も少なくない。そのような事例においては、日本は日本らしい人間の安全保障の実現を実践することにより、米国とは相互補完的、あるいは相乗効果を挙げ、包括的安全保障を実現することができよう。その成果は、地域公共財、さらには国際公共財に資するものとなる。このような視点から日米同盟のカバーする範囲を従前より広げて考えて行くことも今後重要であろう。

このような認識を日米で共有し、東南アジアの諸国とともに平和と安定を目指して協働することが今ほど求められているときはない。二一世紀型の包括的安全保障の実現を目指したい。

謝辞

本研究のための二〇一六年九月の米国ワシントンDCにおける調査では、カーネギー国際平和財団、米国平和研究所(USIP)、米国外交問題評議会、戦略国際問題研究所の研究者、そして米国国務省、国防省の関係者にご協力をいただいた。ここに深く感謝したい。

註

1——Jessica Tuchman Mathews 'Rethinking Security', *Foreign Affairs*, Vol.68, Issue 2, Spring 1989, p.162.

2——UNDP *Human Security Development Report 1994: New Dimension of Human Security*, New York, Oxford University Press 1994, pp.230-234.

3——佐藤誠三郎「『国防』がなぜ『安全保障』になったのか——日本の安全保障の基本問題との関連で」『外交フォーラム 特別編』一九九九年、四～一九頁。

4——人間の安全保障委員会『安全保障の今日的課題』朝日新聞社、二〇〇三年。

5——United Nations General Assembly, Resolution adopted by the General Assembly, 'World Summit Outcome,' UN.Doc.A/RES/60/1, para 143.

6——A/RES/66/290, September 10, 2012.

7——アントニオ・グテーレス国連事務総長特別公演、https://www.sophia.ac.jp/jpn/news/PR/2017/news0117.html 参照

(二〇一八年二月二五日最終確認)。

8——福島安紀子『人間の安全保障——グローバル化する多様な脅威と政策フレームワーク』千倉書房、二〇一〇年、一六八〜一六九頁。

9——Mely Cabaleero-Anthony, 'Revisioning Human Security in Southeast Asia', *Asian Perspective*, 28(3), 2004, p.158.

10——ASEAN+3 Summit, "Final Report of the East Asia Studey Group," Phnom Penh, Cambodia, 4 November 2002.

11——David B.Dewit and Carolina G. Hernandez, eds., *Development and Security in Southeast Asia*, Volumees I-III, Altershot: Ashga69te, 2003.

12——Maria Ela L.Atienza, "Human Security in Pracice: The Philippine Experiences from the Perspective of Different Stakeholders," JICA-RI Working Paper, No.98, March 2015, p.13.

13——Rothschild E., "What is security," *Journal of the American Academy of Arts and Science*, 124(3), 1995, pp.60-61.

14——Mely Caballero-Anthony, "Revisioning Human Security in Southeast Asia," *Asian Perspectinve*, Vol.28, No.3, 2004, pp.168-174.

15——Acharya, A "Human Security: East versus West," *International Journal*, 56(3), 2000, p.449.

16——Mely Caballero-Anthony, "Revisioning Human Security in Southeast Asia," *Asian Perspective*, Vol.28, No.3, 2004, p.186.

17——Paul Evans, 'Human Security and East Asia: In the Beginning,' *Journal of East Asian Studies*, 4, 2004, p.264. 並びに二〇一七年九月一六日の意見交換に基づく。

18——東大作編著『人間の安全保障と平和構築』日本評論社、二〇一七年、二五五頁。

19——Paul Evans, "Human security and East Asia," in *Routledge Handbook of Human Security*, Mary Martin and Taylor Owen eds, Routledge, 2014, p.276-277.

20——Surin Pitsuwan, "Human Security in South-East Asia and the Experience of the Commission on Human Security," in *Proceedings of the ASEAN=UNESCO Concept Workshop on Human Security in South-East Asia* (Jakarta:ASEAN, 2007), p.68.

21——Maria Ela L.Atienza, "Human Security in Pracice: The Philippine Experiences from the Perspective of Different Stakeholders," JICA-RI Working Paper, No.98, March 2015, p.8.

22——Oscar A.Gomez, "Intoroducing the 'Human' into Philippine Security Discourse: Convergence or Dialogue?," *Kasarinlan* 26, 2011, pp.153-182.

23——Brendan Howe, *The Protection and Promotion of Human Security in East Asia*, Palgrave, 2013, p.113.

24——Maria Ela L.Atienza, "Human Security in Pracice: The Philippine Experiences from the Perspective of Different Stakeholders," JICA-RI Working Paper, No.98, March 2015, p.17.

25——ibid., p.45.

26——ibid., p.47-48.

27——福島安紀子著・訳『レキシコン：アジア太平洋安全保障対話』日本経済評論社、二〇〇二年、一八四～一八七頁。

28——日本の人間の安全保障の取り組みの詳細については、福島前掲書、八七～一二二頁参照。

29——日本政府「国家安全保障戦略」二〇一三年一二月印刷版、一九頁。

30——同右、三〇頁。

31——安倍晋三総理大臣　国連加盟60周年記念行事における祝辞、二〇一六年一二月一九日、http://www.kantei.go.jp/jp/97_abe/actions/201612/19kokuren.html（二〇一七年五月六日最終確認）。

32——James Carafano and Janice Smith, "The Muddled Notion of "Human Security" at the UN: A Guide for U.S. Policymakers", *Backgrounder*, No.1966, Heritage Foundation,1 September 2006, p.10.

33——Anne-Marie Slaughter, Carl Bildt and Kazuo Ogura, *The New Challenges to International and Human Security Policy: A Report to the Trilateral Commission*, Washington, The Trilateral Commission, 2004, pp.16-17.

34——US Department of State, USAID, The Quadrennial Diplomacy and Development Review, 2010, p.75 https://2009-2017.state.gov/documents/organization/153108.pdf（二〇一七年五月五日最終確認）。

35——ibid., p.75.

36——ibid., 2010, p.76-82.

37——ibid., p.1-8.

38——PBS interview with Secretary of State Hillary Clinton　http://www.pbs.org/wnet/women-war-and-peace/features/our-interview-with-secretary-of-state-hillary-clinton/（二〇一七年五月五日最終確認）。

39——William J Burns, Michele A. Flournoy, Nancy E. Lindborg, *U.S.Leadership and the Challenge of State Fragility*, September 2016, Carnegie endowment for International Peace, Center for New American Security, and United State Institute of Peace, https://www.usip.org/sites/default/files/US-Leadership-and-the-Challenge-of-State-Fragility.pdf（二〇一七年五月五日最終

確認）。

40——日米安全保障協議委員会共同発表「より深化し、拡大する日米同盟に向けて：50年間のパートナーシップの基盤の上に」二〇一一年六月二一日、http://www.mofa.go.jp/mofaj/area/usa/hosho/pdfs/joint1106_01.pdf（二〇一七年五月五日最終確認）。

41——日米首脳会議共同声明「アジア太平洋及びこれをこえた地域の未来を形作る日本と米国」二〇一四年四月二五日、http://www.mofa.go.jp/mofaj/na/na1/us/page3_000756.html（二〇一七年一月二日最終確認）。

42——日米共同ビジョン声明、二〇一五年四月二八日　http://www.mofa.go.jp/mofaj/na/na1/us/page3_001203.html

43——二〇一六年九月の筆者の米国ワシントンＤＣでの政府関係者、有識者との面談から。

44——二〇一六年九月一二～一七日まで筆者が米国ワシントンＤＣで行った調査に基づく。

45——二〇一六年九月一三日にカーネギー国際平和財団で開催していただいた本章のテーマに関するラウンドテーブルでの議論をはじめ、政府関係者、元外交官、研究者の著者との意見交換に基づく。関係者の貴重なご意見にここに心から謝意を表する。ただし、文責は筆者にある。

46——Michael Mandelbaum, *Mission Failure*, Oxford University Press, 2016, pp.367-376.

47——James L.Schoff, *Uncommon Alliance for the Common Good:The United States and Japan After the Cold War*, Carnegie Endowment for International Peace, 2017, p.182.

48——同掲書。

49——同掲書　p.186.

50——「日米安全保障協議委員会共同発表」平成二九年八月一七日　http://www.mofa.go.jp/mofaj/na/st/page4_003204.html（二〇一八年二月二五日最終確認）。

51——同掲書　2017, p.185.

52——National Security Strategy, White House, February 2015, pp.7-10.

53——US National Security Strategy, December 2017, White Houses, https://www.whitehouse.gov/wp-content/uploads/2017/12/NSS-Final-12-18-2017-0905.pdf（二〇一八年二月二五日最終確認）。

54——パンフレット「防衛省・自衛隊による能力構築支援」平成二八年二月、一頁。

米国平和研究所　103, 109, 173
平和構築　012, 019, 094, 099, 106, 109, 116, 167, 170, 181, 183
ベトナム　v, 047, 169, 178
ヘリテージ財団　171
「包括的安全保障」　168, 171, 177, 179, 181, 183-184

マ行

マネーロンダリング　075
麻薬　059, 065, 105, 158, 163
ミンダナオの公正な成長（GEM）計画 → GEMを参照
ミンダナオ紛争　vi-vii, 093-095, 097-198, 106, 108-109, 116-117
ムスリム・ミンダナオ自治区 → ARMMを参照
モロイスラム解放戦線 → MILFを参照
モロ民族解放戦線 → MNLFを参照

ラ行

リド　108, 116, 181
リバランス　045-046
冷戦　iii, 002, 006, 008, 011-012, 022, 032-033, 035, 037-040, 051, 058, 062, 071, 074, 093, 155, 157, 175, 179, 183
レーガン政権　040

ワ行

湾岸戦争　iii, 018, 175

国際協力機構（JICA）　060, 079, 081-086, 098, 110-111, 114-115, 117, 140, 180-181
国際緊急援助隊　124, 129-130, 139, 142
国際刑事警察機構（ICPO）　065-066
国際貢献　018-019
国際人権条約　013, 018, 020-021
国際的公共財　150
国際労働機関（ILO）　058, 068
国連開発計画（UNDP）　004, 156-157, 167
国連憲章　007, 010, 013-014
国連人道問題調整事務所（UNOCHA）　134, 139, 145-147
国連主義　011
国連難民高等弁務官事務所（UNHCR）　145
国連ミレニアムサミット　158
国家安全保障戦略　018, 170, 178, 182

サ行

災害援助　031, 051
災害リスク軽減管理 → DRRMを参照
自衛隊　006, 048, 094, 116, 124, 126, 129-130, 133-137, 139-140, 142-145, 147, 149, 181-182
社会開発・人間の安全保障省（タイ）　073-074, 076-077, 079-080, 166
集団的自衛権　003, 006-007, 013-014, 023, 178
周辺事態法　iii
ジュマ・イスラミーヤ（JI）　102-104
新アメリカ安全保障センター　173
新安保法制　iii
人身取引被害者保護法 → TVPAを参照
人身取引報告書　058, 061-063, 066-067, 070-073, 075-076, 180
人身売買　vi-vii, 064-067, 069, 080
スービック海軍基地　093
「スニーカーネット」　148
スマトラ沖地震　130, 132, 134-135, 137, 144-145, 148
「積極的平和主義」　004, 019, 171, 178
戦略パートナーシップ　v
総合安全保障　162, 169, 171, 177

タ行

タイ　035, 057-060, 064-065, 068-086, 132-135, 145, 163-166, 168, 180
中国　044-048, 071-072, 085, 093-094, 161-163
テロ対策特措法　iii
トモダチ作戦　133, 137, 145, 181
トランプ政権　iv, 052, 182
トリポリ協定　097

ナ行

中山提案　036-039
日米安全保障条約　i, 006, 033
日米同盟　i-vii
日本国憲法　vi, 003-005, 007, 009, 011, 013-019, 022-023
『日本の防衛』　135
人間開発報告書　004, 156-157, 166
人間の安全保障法（フィリピン）　167
能力構築支援　094, 165, 174-175, 178-179, 182-183

ハ行

ハイヤン　094, 104, 123-126, 130, 132, 137, 141-146, 148-149, 181
パレルモ議定書　058-060, 062, 072, 074, 084
バンサモロ基本法　101, 114, 117
東アジア首脳会議（EAS）　041, 050
東日本大震災　127, 132-135, 137, 140, 144-145, 148, 181
フィリピン　vi-vii, 032-033, 035, 042, 066, 078, 093-098, 101-110, 117, 123-128, 130, 132, 137-143, 145-149, 164, 166-169, 178, 180-181
ブッシュ（父）政権　039-040
ブッシュ（子）政権　046, 103
武力行使　009-010, 012-014, 160
紛争解決　035, 038, 094, 108, 181
米国国際開発庁　073-074, 084-086, 101-102, 105-108, 116, 131, 141-142, 146, 172-173, 180

主要事項索引

英数字

2＋2（日米安全保障協議委員会）　133, 174, 178
3C　061
3P　060-062
3R　061
5P　061
ADMMプラス　031-032, 046-050, 052, 126
APEC　040, 043-044
ARF　031-032, 035-041, 043-045, 047, 049-051
ARMM　097, 101, 105, 107, 109, 111, 113-115
ASEAN　035-037, 039, 042-043, 046-050, 052, 058-059, 069-070, 072, 078-079, 125-126, 147, 156, 161-
　——ISIS（戦略問題研究所）　163
　——拡大外相会議　036, 165
　——地域フォーラム → ARFを参照
　——＋3　041-043, 046, 050, 162
DRRM（災害リスク軽減管理）　125, 127-129, 137-138, 147
GEM計画　106-107
J-BIRD　110, 113, 115, 180
MILF　097-101, 103-105, 109, 111-117
MNLF　097, 102, 104, 106-107, 115-117
Oda　078, 094, 170, 182
ODA大綱　110, 169-170
PKO　010-012, 171, 183
　——協力法　iii
ReCAAP　032, 041-046
SARS（重症急性呼吸器症候群）　161
TVPA　062, 064
UNICEF（国連児童基金）　145-146
USAID → 米国国際開発庁を参照
WFP（世界食糧計画）　146-147
WHO（世界保健機構）　145

ア行

アジア海賊対策地域協定 → ReCAAPを参照
アジア財団　074, 080, 084, 086, 100-102, 108-109, 112-113, 116-117
アジア太平洋経済協力 → APECを参照
安全保障
　伝統的——　048, 051, 156, 164, 168, 176-178
　人間の——　001, 012, 017, 019, 022-023, 059, 064, 069, 073-074, 076-0080, 084-085, 110, 156-178, 180, 183
　非伝統的——　048, 164, 176-177
『安全保障の今日的課題』　059, 158
イスラム教徒　095-097, 108, 111
イラク特措法　iii
インドネシア　v, 035, 037, 041-042, 048, 076, 102, 112, 130, 132-135, 145, 169
エストラダ政権　098
欧州連合（EU）　002, 035, 099, 132, 156
オスプレイ　131, 134, 140-142

カ行

カナダ　035-037, 076, 135, 143, 146, 158, 163-165
カーネギー国際平和財団　173, 176
『海外人道支援』　131, 134-135
外交開発援助レビュー　172
海賊対策　031, 042-043
ガイドライン関連法　iii
開発協力大綱　170
拡大ASEAN国防相会議 → ADMMプラスを参照
恐怖からの自由　078, 158, 160, 163, 169
クラーク基地　093
欠乏からの自由　078, 158, 160, 163, 169
小泉政権　iv, 110, 113
国際移民　057, 062
国際協調主義　004, 013-021, 023, 171

主要人名索引

ア行

アキノ，ベニグノ　094
アキノ3世，ベニグノ　100, 101, 112, 138
浅見勇学　140
アチャリャ，アミタフ　164
アナン，コフィ　158
安倍晋三　v, 178
アラミア，ライザ　114
アンソニー，メリー・カバレロ　162, 164
イクバル，モハゲル　114
岩崎茂　140
岩田清文　140
ウィスラー，ジョン　140-141
ウェザーオール，ヒュー　140
ウォルシュ，パトリック　133
エバンス，ポール　164
緒方貞子　059, 110, 158, 180
オバマ，バラク　iv-v, 063, 105, 172, 174
小渕恵三　042, 044, 078, 169

カ行

カーター，アシュトン　178
笠松誠　145
グテーレス，アントニオ　161, 184
クリントン，ビル　039
クリントン，ヒラリー　172-173
ケイディス，チャールズ　015-016
ゲーツ，ロバート　049
ケネディ，ポール　141
ケリー，ジェームズ　103, 173
小泉純一郎　iv, 043-044

サ行

佐藤壽紀　140
ジャーファー，ギャザリー　116
ショフ，ジェームス　177, 179
ジョンソン，リンドン　108
スローター，アン・マリー　172
セン，アマルティア　158-159, 162

タ行

ディパチュアン，サフルラー　114-115
ドゥテルテ，ロドリゴ　105, 117
トーマス，ポール　045-046

ナ行

中谷元　049
中山太郎　036
野田佳彦　iv

ハ行

ハク，マブーブル・ウル　162
橋本龍太郎　iv
ハッシー，アルフレッド　015-016
ピツワン，スリン　076, 165-166
ブラックマン，ロバート　132, 134
ベーカー，ジェイムズ　037-039
ホイットニー，コートニー　016
ホーク，ボブ　040
細川護熙　iv

マ行

マシューズ，ジェシカ　155
マッカーサー，ダグラス　007, 016
マンデルバウム，マイケル　175
ミスワリ，ヌル　097
ムラド，アル・ハジ　100, 113
森喜朗　059

ラ行

ラスク，ディーン　108
ローズヴェルト，フランクリン　017
ロード，ウィンストン　039

山口昇（やまぐち・のぼる） 第5章執筆

国際大学教授、笹川平和財団参与
1951年東京生まれ。1974年防衛大学校卒業、1988年フレッチャー法律外交大学院修士課程修了、1991年ハーバード大学オリン戦略研究所客員研究員、在米大使館防衛駐在官、陸上自衛隊航空学校副校長、陸上自衛隊研究本部総合研究部長、防衛研究所副所長、陸上自衛隊研究本部長を歴任した後、2008年退官（陸将）。2009年から2015年まで防衛大学校教授。2011年には内閣官房参与を務め、2015年より現職。近著にHybrid Warfare: Fighting Complex Opponents from the Ancient World to the Present（Cambridge, 共著）、リチャード・ホームズ『武器の歴史大図鑑』（創元社、日本語版監修）、ルパート・スミス『軍事力の効用』（原書房、日本語版監修）、田所昌幸監修『台頭する印中』（千倉書房、共著）、Poised Partnership, Deepening India-Japan Relations in the Asian Century（Oxford University Press, 共著）など。

福島安紀子（ふくしま・あきこ） 第6章執筆

青山学院大学教授
京都生まれ、1994年ジョンズ・ホプキンス大学高等国際問題研究大学院（SAIS）修士号、1997年大阪大学より博士号。総合研究開発機構（NIRA）主席研究員、国際交流基金シニアフェロー等を経て現職。豪州ロウイー研究所研究員、在ブリュッセルEU-Asia Centre国際諮問委員、東京財団上席研究員等を兼務。『Japanese Foreign Policy: A logic of Multilateralism』（Macmillan Publishers）、『レキシコン：アジア太平洋安全保障対話』（日本経済評論社）、『人間の安全保障』（千倉書房）、『紛争と文化外交』（慶應義塾大学出版会）、共著に『グローバルコモンズ』（岩波書店）『人間の安全保障と平和構築』（日本評論社）など著書多数。

芦澤久仁子（あしざわ・くにこ） 第2章執筆

アメリカン大学（ワシントンDC）講師およびアジア研究カウンシル・ジャパンコーディネーター。

東京生まれ。2005年フレッチャー外交法律大学院で博士号所得（国際関係学）を終了し、英オックスフォードブルックス大学（准教授）を経て現職。また、米国ウッドローウイルソン国際学術センター、東西センター、ライシャワー東アジア研究所に招聘研究員として滞在。著書「Japan, the U.S. and Regional Institution-building in the New Asia: When Identity Matters」（Palgrave McMillan）が大平正芳記念賞（2015年度）を受賞。

熊谷奈緒子（くまがい・なおこ） 第3章執筆

国際大学准教授
1971年東京生まれ。2009年ニューヨーク市立大学大学院で博士号取得（政治学）。主著である『慰安婦問題』（ちくま新書）は長銀国際ライブラリー叢書の一冊として英訳され、The Comfort Women: Historical, Political, Legal, and Moral Perspectives（I-House Press）として刊行された。その他、論文として "Asian Women's Fund Revisited," *Asia-Pacific Review*, Vol.2, Issue 2, 2014, pp. 117-148; "The Absence of Consensus in Japan over the Issue of Comfort Women–With the Case of the Asian Women's Fund from the Approach of Ontological Security," *Social Science Japan Journal*, July 2015, pp. 145-161. などがある。

編著者略歴

信田智人（しのだ・ともひと）編者・第4章執筆

国際大学教授

1960年京都府生まれ。1994年ジョンズ・ホプキンス大学高等国際問題研究大学院（SAIS）で博士号取得（国際関係学）。SAISライシャワーセンター東京代表、木村太郎ワシントン事務所代表などを経て現職。『総理大臣の権力と指導力』（東洋経済新報社）、『官邸外交』『政治主導vs.官僚支配』（ともに朝日新聞社）、『冷戦後の日本外交』（ミネルヴァ書房）など著書多数。

江島晶子（えじま・あきこ）第1章執筆

明治大学法科大学院教授

博士（法学）、キングズ・カレッジ（ロンドン大学）ロースクール、ヨーロッパ人権委員会（ヨーロッパ評議会）、ハーヴァード大学ロースクール、ケンブリッジ大学法学部およびヒューズ・ホール、オックスフォード大学ウルフソンカレッジ等で客員研究員。"A Possible Cornerstone for an Asian Human Rights Court" in Global Constitutionalism and Multi-layered Protection of Human Rights（Constitutional Court of Korea）、「権利の多元的・多層的実現プロセス」公法研究78号、「多層的人権保障システムにおけるグローバル・モデルとしての比例原則の可能性」（『現代立憲主義の諸相』有斐閣）、「ヨーロッパにおける多層的統治構造の動態」（『現代統治構造の動態と展望』尚学社）、『人権保障の新局面』（日本評論社）など著書論文多数。

日米同盟と東南アジア
――伝統的安全保障を超えて

二〇一八年五月六日　初版第一刷発行

編著者　信田智人
発行者　千倉成示
発行所　株式会社　千倉書房
〒一〇四－〇〇三一　東京都中央区京橋二－四－一二
電話　〇三－三二七三－三九三一（代表）
https://www.chikura.co.jp/

造本装丁　米谷豪
印刷・製本　精文堂印刷株式会社

ISBN 978-4-8051-1122-2 C3031

叢書

21世紀の国際環境と日本

001

同盟の相剋

水本義彦 著

比類なき二国間関係と呼ばれた英米同盟は、なぜ戦後インドシナを巡って対立したのか。超大国との同盟が抱える試練とは。

❖A5判／本体 三八〇〇円＋税／978-4-8051-0936-6

002

武力行使の政治学

多湖淳 著

単独主義か、多角主義か。超大国アメリカの行動形態を左右するのは如何なる要素か。計量分析と事例研究から解き明かす。

❖A5判／本体 四二〇〇円＋税／978-4-8051-0937-3

003

首相政治の制度分析

待鳥聡史 著

選挙制度改革、官邸機能改革、政権交代を経て「日本政治」は如何に変貌したのか。二〇一二年度サントリー学芸賞受賞。

❖A5判／本体 三九〇〇円＋税／978-4-8051-0993-9

千倉書房

表示価格は二〇一八年五月現在

叢書

21世紀の国際環境と日本

004
人口・資源・領土
春名展生 著

人口の増加と植民地の獲得を背景に、日本の「国際政治学」が歩んだ近代科学としての壮大、かつ痛切な道のりを描く。

❖A5判/本体 四二〇〇円+税/978-4-8051-1066-9

005
「経済大国」日本の外交
白鳥潤一郎 著

石油危機に直面した資源小国が選択した先進国間協調という外交戦略の実像。二〇一六年度サントリー学芸賞受賞。

❖A5判/本体 四五〇〇円+税/978-4-8051-1067-6

006
冷戦の終焉と日本外交
若月秀和 著

貿易摩擦、歴史認識問題、そして冷戦の終焉へ。一九八〇年代の日本外交の達成と蹉跌から、いま我々は何を学ぶべきか考える。

❖A5判/本体 七〇〇〇円+税/978-4-8051-1113-0

表示価格は二〇一八年五月現在

統治の条件

前田幸男・堤英敬 編著

綿密な調査に基づいて民主党の政権運営と党内統治を検証し、自民党「以外」が政権を担当するための「条件」を探る。

❖Ａ５判／本体 四五〇〇円＋税／978-4-8051-1052-2

統合と分裂の日本政治

砂原庸介 著

統治機構改革から二〇年を経た日本政治は、有権者に新たな選択肢を提供できているのか。二〇一七年度大佛次郎論壇賞受賞。

❖Ａ５判／本体 三六〇〇円＋税／978-4-8051-1112-3

政党政治の制度分析

建林正彦 著

選挙制度改革は日本政治をどう変えたのか。政権交代がもたらした議員たちの政策選好の変化を数量分析が捉える。

❖Ａ５判／本体 四六〇〇円＋税／978-4-8051-1119-2

千倉書房

表示価格は二〇一八年五月現在

台頭するインド・中国

田所昌幸 編著

巨大な国土と人口を擁するスーパーパワー。その台頭は、アジアに、そして世界に、一体何をもたらそうとしているのか。

❖A5判／本体 三六〇〇円＋税／978-4-8051-1057-7

アジア太平洋と新しい地域主義の展開

渡邉昭夫 編著

17人の専門家が、各国事情や地域枠組みなど、多様かつ重層的なアジア・太平洋の姿を描き出し、諸国の政策の展開を検証する。

❖A5判／本体 五六〇〇円＋税／978-4-8051-0944-1

東アジアのかたち

大庭三枝 編著

中国の台頭と米国のリバランスの狭間で激変する東アジア地域の「かたち」を日米中ASEANの視座から分析する。

❖A5判／本体 三八〇〇円＋税／978-4-8051-1093-5

千倉書房

表示価格は二〇一八年五月現在